だいわ文庫

ふっと心がラクになる
眠れぬ夜の聖書のことば

MARO（上馬キリスト教会ツイッター部）

大和書房

まえがき

この本を手に取ってくださっている皆様、こんばんは。もしかしたら、こんにちはかもしれませんが、この本のテーマ的に、おそらくこんばんはの可能性が高いのではないかと思いますから、こんばんは。

私、MAROと申します。ツイッターをきっかけに、キリスト教に関するあんなことやこんなことを色々と書いている者です。……と言うと、「牧師とか神父とかですか?」と尋ねられることがよくあるのですが、いいえ、そうではなくただの一信徒にすぎません。はい、言うなれば「ヒラ信徒」でございます。

ですからこれからこの本に書く、聖書やキリスト教についての様々な解釈は、あくまで一信徒MARO個人のものであって、僕の所属する上馬キリスト教会や、ましてやキリスト教界全体の「正しい見解」ではありません。もしかしたら間違っていることや、解釈の分かれる点もあるかもしれません。その点はどうかご理解の上で読んでいただけましたら幸いです。

さて、今回は「寝る前に読んで心が落ち着くようなキリスト教の話を書いて！」というコンセプトで本を書かせていただくことになりました。

昔、何かのテレビCMで「眠りとは神が与えた最高の贅沢である」というようなコピーがありました。なるほどまったくその通りだな、と思ったので今でもよく覚えています。お金は一切かかりませんし、眠るのが嫌いという人は基本的にはいないと思います。ですが「眠れない」という悩みは現代社会では特に多く耳にします。正直なところ、僕自身もよく「眠れない夜」に悩まされます。

どうして人は、眠ることが好きなのに眠れないのか。神様が与えてくださった「最高の贅沢」を享受できないのか。色々な原因はあると思いますが、その一つは「喜びと安らぎが足りない」ということかと思います。そして「喜びと安らぎ」を得るということにかけて、聖書の右に出る書物は世界におそらくありません。ですからこの本では、皆様が日々「喜びと安らぎ」を得るためのヒントを、聖書から皆様に提供したいと思っています。

すでに聖書に親しんで信仰を持っているクリスチャンの方にも、「聖書なんて読んだことないし、どんなものかもよく知らない」という方にも、聖書は同じように「喜びと安らぎ」を与えてくれる書物です。ですから、これから書くこの本も、クリスチャンの方が読んでももちろんＯＫですが、ノンクリスチャンの方も大歓迎ですし、むしろどちらかといえばノンクリスチャンの方向けに書いています。せっかく神様が人間に与えてくださった聖書の知恵をクリスチャンだけで独り占めするなんてもったいないですからね。

どうぞ、堅苦しい姿勢ではなくベッドや布団にゴロンと横になってお読みくだされぱと思います。そしてそのまま眠くなったら遠慮なく眠ってください。「本を読みながら寝るなんて行儀が悪い！」なんて誰も言いませんし、むしろこの本はそのための本なんですから、読みながら眠ってしまうなら僕は嬉しいです。

それでは、始めたいと思います。皆様の睡眠ライフが少しでも快適になりますように。

目次

第1章 これで今夜はぐっすり眠れるかも……

第2章

眠りそのものについて考える

第3章

明日を元気にすることば

第4章

ふっと心がラクになることば

第1章

これで今夜はぐっすり眠れるかも……

寝るときは、明日のことは考えない

ですから、明日のことまで心配しなくてよいのです。明日のことは明日が心配します。苦労はその日その日に十分あります。

（マタイの福音書　6章34節）

この本は「眠れない方」や「もっとぐっすり寝たい方」のための本ですけれど、いきなりその目的に対して最も重要で、かつ基本的なことを書いちゃいます。

はい、それは「寝るときは、明日のことは考えない」です。僕自身の「眠れない夜」をよくよく自分で観察してみますと、ついつい明日のことを考えてしまって眠れなくなっていることが、とても多いです。すべてとは言いませんが、かなり多いです。

「遠足や運動会の前の晩にワクワクしてしまって眠れない！」なんて経験をした人は多いと思います。そんなにワクワクで眠れないのなら、まだ健康的な感じがしてよいですけれど、僕は実は子どもの頃からインドア派で遠足も運動会も嫌いだったので、むしろその前夜には「明日、嫌だなぁ。雨で中止とかにならないかなー」なんて悶々《もんもん》とした気持ちで布団に入って眠れない夜を過ごしていたものです。

話が遠足や運動会ならまだ可愛げもありますが、これが「明日も嫌な上司と会うのか……」とか「明日のプレゼン、うまくいくか心配……」なんかだとこれはもう完全に不健康です。

聖書には「明日のことは心配しないでいいんだよ」と書いてあります。2000年も昔に書かれた聖書にこんなことが書いてあるということは、2000年前にも、きっと明日のことを考えてしまって眠れない人はたくさんいたんでしょうね。聖書を読むと「人間って2000年前から本質はちっとも変わっていないんだな」ということがよくわかります。

ですから「明日のことが気になって眠れない」というのは、これはもう古今東西を超えて変わらない「人間の性質」なんだと思います。こう思うだけでも少し気が楽になりませんか。

眠れない夜を過ごしている時って、「こんな時間に眠れずに過ごしているのは自分だけなんじゃないか。他のみんなはぐっすり眠ってちゃんと明日に備えているのに、自分だけ遅れをとってしまうんじゃないか」なんて、そんな孤独を感じてしまったりしませんか。でも大丈夫です。あなたと同じように眠れない夜を過ごしている人は、きっとあなたが思うよりもたくさんいます。

さらに聖書には、「苦労はその日その日に十分あります」とも書いてあります。これを言い換えれば「その一日を終えて、夜を迎えたあなたは、すでに十分な今日の苦労をしたのだよ」ということです。自分で「今日は何もできなかった」とか「今日は不完全燃焼だった」と思えてしまうような日であっても、神様は「君は一日、十分な苦労をしたよ」と言ってくださるんです。

ですから、その日がもしどんなに自分にとって不満足な日でも「今日も一日がんばった！」と思うことが、大切なのではないかと思います。「今日はがんばれなかった。その分明日がんばらなきゃ！」なんて思ってしまったら眠れません。それよりも「今日は十分がんばった。明日はまた明日」と思う方がどう考えても安眠には近道です。

人間、たとえ何もしなくても、生きているだけでちゃんと神様の計画の一翼を担っているんです。僕たちが今日一日「ちゃんと生きたか」どうかを判断するのは僕たち自身ではなく神様です。そして神様は「苦労はその日その日のうちに十分だ」と、つまり「今日も一日おつかれさま」と言ってくださっているんです。

布団の中で、今日の「よかったこと」を思い出す

主が良くしてくださったことを何一つ忘れるな。

（詩篇　103篇2節）

クリスチャンがよく口にする言葉に「数えてみよ、主のめぐみ」というものがあります。これは聖書のことばではなく、聖歌の一節なのですが、聖書の伝える重要なメッセージの一つを凝縮したようなものです。人間って、ついつい何事についても「よくなかったこと」ばかりを数えてしまって、「よかったこと」を数えることをしないものです。

ためしに、メモ帳でもなんでもいいですから、「今日よくなかったこと」を書き出してみてください。「仕事がうまくいかなかった」「電車が遅れた」「ランチに食べたパスタがちょっとしょっぱかった」……なんでもいいんですけど、けっこうたくさん出てきませんか？　では次に「今日よかったこと」を書き出してみてください。……意外と出てこないものではないですか？　それはあなただけではありません。人間、特に日本人って「悪い情報はよい情報より重要」だと無意識に認識しているんです。

これは「よくなかったこと」に注意を払わないと危険が迫ったりする一方で、

「よかったこと」は特に注意を払わずに放っておいても人間が生存するためにはあんまり影響がないからだ、という分析もあります。新聞や週刊誌も、よいニュースよりも悪いニュースを記事にする方がよく売れるのだそうです。つまり人間は、放っておくと悪いことばかり数える存在なんです。

「よかったリスト」を作りましょう

社会生活の上ではよく「反省会」が行われますけど、反省会って暗いムードでお互いの「よくなかったところ」を挙げるような会が多くないですか？　でも、そもそもの「反省」という言葉には「よくないところを思い返す」なんて意味はないんです。「よいところも悪いところも思い返す」のが「反省」です。なのに多くの反省会では多くの時間を「悪いところ」に割いてしまいます。

そして、特に日本人は子どもの頃から「反省が大切」と言われて育っている方も多いので、無意識のうちに夜寝る時に「今日の自分の反省会」をしてしまい、そして「悪いところ」にばかり着目してしまうことが多いんです。でも、そんなことをベッドの中でやってしまったら眠れなくなってしまいます。夢見だって悪いでしょう。

もちろん「よくなかったところ」を反省するのも大切ですが、それと同じくらいか、できればちょっと多めに「よかったところ」も反省してみてください。それだけで幸せ度が上がります。些細《ささい》なことでいいんです。「コーヒーがおいしかった」とか「好きな野球チームが勝った」とか「歯に挟まったネギを舌で取ることに成功した」とか。そうやって数えてみると、一日の中に、自分がそれまで思っていたよりもはるかに多くの幸せが含まれていたのだと気づきます。

ただ、どうしても人間の脳は「悪いこと」を優先して覚えるようにできているので、「その日よかったこと」は夜には忘れてしまいがちです。ですからできれば手帳やメモ帳やスマホなんかに「よかったリスト」を作って記録しておくことをおすすめします。そうしておけば、落ち込んでいる日なんかでも、それを見るだけでちょっと笑顔になれたりもしますし、「自分ってこういう時に幸せを感じるタイプなんだな」と、自分の幸せのコツをつかめたりもします。そして寝る前にそれを見るようにすれば、きっと心が落ち着いて安眠に近づけるかと思います。

そしてよく眠れたら、翌朝起きた時にまず最初に「昨夜はぐっすり眠れた！」と「よかったリスト」に書いてください。もし眠れなかった朝は「眠れなかった」なんて書かなくてよいです。むしろ書いてはダメです。「よかったこと」だけを数える時間を毎日少しでも持つ習慣、これが大切なんです。

「眠らなきゃ」と思わずに「眠らせてください」と祈る

求めなさい。そうすれば与えられます。

（マタイの福音書　7章7節）

眠れない夜って、「眠らなきゃ、眠らなきゃ」と思ってしまって、思えば思うほどかえって眠れなくなりますよね。「起きなきゃいけない時間まであと◯時間しかない……」なんて考えたらいよいよ眠れなくなります。

そんな時は「自分で眠る」のではなく、「誰かに眠らせてもらう」と考えたらどうでしょう。いえ別にまさか誰かに睡眠薬を注射してもらうとか、フライパンでひっぱたいてもらうなんてことではありません。「神様が眠らせてくれる」「眠りは神様が与えてくれる」と考えてみたら、ということです。

人間って、意外と自分のことを自分でできません。たとえば「お腹が空いたら食べる」ということはできますけど、「お腹を自分で空かせる」ことは難しくないですか？　運動をしたりして「お腹の空く確率を上げる」ことはできますけど、自分の意志で「よし！　今からお腹空くぞ！」ということはできません。おならをしたくなったときに我慢したり豪快に出したりすることはできますけど、自分の意志でおならを生産して「おならしたい状態」になることはできません。

こう考えると、「眠くなる」ということについても、これと同じだと思えてきませんか？　「よし！　今から眠いぞ！」って自分で眠気をコントロールするのって難しいんです（できる人もいるみたいですけどね）。

手に負えないことは「神様に委ねる」

そして、自分にコントロールできないことについては、神様に委ねてしまえばいいんです。ですから眠れない時は「自分で眠らなきゃ！」と思わずに「神様、眠らせてください」と祈ればいいんです。そうしたらもし眠れなくても自分のせいじゃありません。神様のせいです。ええそうです。「神様に委ねる」って言えば聞こえはいいですけど、これは言い換えれば「神様のせいにする」ということなんです。「委ねる」というのは「自分の能力ではできませんから、神様お願いします！」と、自分の能力の限界を認めるということなんですから。

だって反対に、自分にできないことまで「僕が責任を持ちます！」なんて人がいたら信用できないですよね。自分にできないことにまで責任を持っちゃうのは、よくないことなんです。

「自己責任」という言葉がやたらあちこちに広がって、「眠くならないのも自分のせい」と、自分を追い込んでしまう人が少なくありません。もちろん自分のできる範囲のことに責任を持つのは大切なことです。でも実は人間のできることって、広く一般に、特に現代社会において思われているよりも、ずっと少ないんです。

眠るのってたぶん、思っているよりも難しいことなんですよ。だから世の中には眠りについて悩む人がこんなにも多いんです。そして難しくて手に負えないことは神様に任せればいいんです。いえむしろ任せなければいけないんです。

ただし「求めなさい。そうすれば与えられます」と書いてありますが、「何を」

とは書いてありません。「求めたものを」与えられるとは書いてないんです。これは子どもがいくらお菓子を欲しがっても、親がいつもお菓子を与えてくれるとは限らないのと一緒です。お菓子の代わりにおにぎりが与えられたりするかもしれません。

神様も同じで、必ずしも僕たちが望むものを与えてくれるとは限りません。眠りを求めても眠れない夜を与えられるかもしれません。でもそれでもいいじゃないですか。だってそれはもう僕たち自身のせいではなく、神様のせいなんですから。そう思うだけで少し気楽になって、眠ることへのプレッシャーが減りませんか？

大丈夫、
あなたは愛されています

あなたこそ私の内臓を造り
母の胎の内で私を組み立てられた方です。
私は感謝します。
あなたは私に奇しいことをなさって
恐ろしいほどです。
私のたましいは それをよく知っています。

（詩篇　139篇13 ～ 14節）

赤ちゃんは、お母さんやお父さんの腕の中で安心してよく眠ります。他の人が抱いて寝かせるよりも、お母さんやお父さんの腕の中でよく眠ります。それは赤ちゃんには生まれながらに「愛をキャッチする機能」が備わっていて、その機能がお母さんやお父さんの愛をキャッチするから安心して眠るのでしょう。

この「愛をキャッチする機能」は科学的にもちゃんと解明されていて、人間は愛を感じるとオキシトシン、別名「愛情ホルモン」と呼ばれる物質が分泌され、それによって安心したり幸福感が増したりするのだそうです。もちろん赤ちゃんだけでなく、大人になってもこの機能は失われません。大人でも、家族や恋人や友人やペットと交流するとこのホルモンが出るのだそうです。

聖書には、神様から受け取る愛情についても、人間にはそれをキャッチする機能が備わっていると書いてあります。その一つがこの「私のたましいはそれをよく知っています」というフレーズです。この詩では、真にこの自分を造ったのは母でも父でもなく、神様だと言っています。神様が母と父を通して自分を造ったのだと。そしてその愛は母や父が注いでくれるものに勝るとも劣らないものであるのだと。

神様は僕たち一人ひとりをそれぞれにデザインして、丁寧に造りあげています。神様にとって一人ひとりの人間は、本人がそれに気づいていようがいまいが関係なく、かけがえのない大切な存在です。ですから、もし「自分は誰からも愛されていない」と思うようなことがあっても、神様は必ずあなたを愛しています。

ただ、往々にして、神様からの愛は感じにくいんです。それは神様と僕たちの間に「雲」があるからです。曇りの日には太陽の光を直接感じることはできません。しかし曇りの日にだって太陽は毎日同じように、僕たちに向けて光を放っています。雲を払えば光が燦々《さんさん》と降り注ぐでしょうし、もし切れ間だけでもできれば、そこから眩《まばゆ》く光が差し込みます。雲のせいで感じられないとしても、雲の上には必ず太陽があるんです。

誰からの愛も感じられない夜は……

誰からも愛を感じられないという方。大丈夫です。あなたが今は感じられなくても、あなたは必ず愛されています。そして、どんな人にも必ず晴れの日も曇りの日もあるように、どんな人にも必ず、誰からも愛を感じられないという夜はあります。どんなに愛し合って幸せそうに見える家庭にも、そんな日は必ずあるんです。

愛を感じられないのはあなただけではありません。あなたの上に、今ちょうど雲がどんよりと浮かんでいるだけで、その雲の上にはちゃんと必ず太陽があります。「そんなきれいごとを……」と思ってしまうかもしれませんが、これだけはまちがいなく本当です。

僕にもあります。誰からの愛も感じられない夜。そんな夜は神様に祈れば……って、それでも何も感じない夜。あります。それでも「自分は愛されている」と確信し……きれない時だって実はあります。「神様、あなたの愛を感じられません！」とありのままに素直に吐き出すしかない夜もあります。でも、そんな夜を今まで何百回も過ごし、そして今も過ごすからこそ、悩みそでも心でもなく、「たましいはそれをよく知っています」という確信がいつの間にかどこからか湧き上がっている自分に気づくんです。だからこそ言えるんです。

大丈夫、あなたは愛されています。

寝る前の寝室こそ、絶好の祈りの場所

あなたが祈るときは、家の奥の自分の部屋に入りなさい。そして戸を閉めて、隠れたところにおられるあなたの父に祈りなさい。そうすれば、隠れたところで見ておられるあなたの父が、あなたに報いてくださいます。

（マタイの福音書　6章6節）

イエス様が生きた時代には、広場だとか大通りだとか、わざわざ人に目立つところに出て行って、大声で祈って「どうだ、私は毎日祈りを捧げていて偉いだろう⁉」と自慢するような人たちがいたんです。断食もわざわざ目立つところでやって、「ほら、私はちゃんと断食もこんなにやるんですよ⁉」と自慢するような人たちもいたんです。

そんな人たちに対してイエス様は、「祈りは誰にも見えないところでやりなさい。断食だとか善行だとかも、人に見えないところでやりなさい」と言いました。なぜなら善行を人に見えるところで行えば、その人は周りの人から「あの人は偉い」と思われる、という「報い」をすでに受け取ってしまうので、神様からの報いは受けられないからです。

反対に、祈りも善行も見えないところでやれば、それは神様がちゃんと見ていてくださるので、神様からの報いが受けられますよ、ということです。人前で祈る人が望んでいるものは、神様からの恵みや祝福ではなく、他人からの評価だということです。そして、他人の評価目当てになされる祈りには、神様は応えることはありませんよ、ということです。

祈っても誰も見てくれないいんじゃないか、よいことをしても誰も見てくれていないなら無駄なんじゃないか、そんな思いが頭をよぎることもあるかもしれません。でも神様はちゃんとそれを見ていてくれます。むしろ誰も見ていないところでこそ、神様は見てくださるんです。

寝る前に、神様への報告を

……と、いうわけで、寝室というのは実は祈りには絶好の場所です。そこは家の中の、奥まった自分だけの場所で、誰にも見られることはありません。寝る前でもいいですし、朝起きた後でもいいです。家族やパートナーが一緒にいることはあるかもしれませんが、それを他人が見ることはまずないその場所で、誰にもかっこつけることなく、余計な装飾をすることもなく、素直に自分の思い、苦しみ、喜びを神様にぶつければ、それが何より神様の喜ぶ祈りです。

僕は朝が苦手なタイプなので、夜寝る前に祈ることが多いのですが、たとえそれが2〜3分のごく短いものであったとしても、僕にはこれがお気に入りの時間です。その時間にはできるだけ、その日にあった嬉しかったことや幸せだったことを思い出して、神様に報告するようにしています。もちろん苦しい状況の時はそれができずに、「苦しいです神様、明日はよくなるようにしてくださいㅡ」なんて祈ることもあります。いずれにせよ、神様に包み隠さず自分の状況と気持ちを吐き出すと、気分がスッキリして「さぁ寝るぞ」という気持ちになりますし、正直なところ、疲れている時なんかは祈っている最中にいつの間にか寝てしまうことさえあります。

祈りのためにきちんとした場所や部屋を用意するのも、それはよいことです。自分の家に、祈り専用の奥まった部屋を設けて、そこで祈ることができる人はそうするのもいいでしょうが、たぶん多くの人にとって、それは難しいことです。狭い日本、そんなに部屋数を用意できる住宅はあんまりありませんから。でも、わざわざ祈りの部屋を用意しなくても、寝室で十分なんです。そこに誰にも見られない自分の祈りの時間さえ確保できれば。

喜ぶことが入眠のコツ

いつも喜んでいなさい。

（テサロニケ人への手紙第一　5章16節）

神様が僕たちに命ずることはたくさんありますが、その中でも最もシンプルなものの一つと言えるのがこの「いつも喜んでいなさい」です。ものすごくシンプルですが、繰り返し読めば読むほど、噛めば噛むほど、「これって実はものすごく難しくないですか、神様⁉」って思わされます。以前にお会いしたとある牧師さんは「神様の命じることの中で、私たちが最も守れていないのは、この『いつも喜んでいなさい』です」と話していました。

皆さん、一日の中でどのくらいの時間、喜んでいますか？

「そんなの計ってみたこともないし、そもそも考えてみたこともないよ！」って方も多いのではないかと思います。でも、そう問われて改めて自分の一日の行動を振り返ってみると、喜んでいる時間って意外と短くないですか？ 好きなことをしている時でさえ、その時間ずっと喜んでいるかと言われたら、そうでもないかもしれません。たとえば趣味で草野球をやるなら、喜ぶ時間はもしかしたら自分のチームに得点が入った時とか、ピンチをしのいだ時だけかもしれません。

人はどんな時に喜ぶのでしょう。そもそも喜びってなんでしょう。それは何かを達成したり、得たりした時に生じる心の動きのことです。と、いうことは、いつも喜んでいるためには、いつも何かを達成したり得たりし続けないといけないということです。

「よし！　それなら常に人生前向きにがむしゃらに頑張ればいいんだな、がおーー!!」……って、そういうことではないと思います。聖書が言わんとしていることは、あなたは生きているだけで神様から様々な恵みを得続けていて、それによって様々なことを無意識にでも達成し続けているのだということです。その、神様によって絶え間なく続く獲得と達成を感じれば、自ずと心が動き、それが喜びなのだと思います。

喜ぶのに理由はいらない

生物が生命を与えられたことも恐ろしいほどの奇跡ですが、その生命を維持し続けることは、よくよく考えればその一瞬一瞬も奇跡的な出来事だと言えます。僕たちが呼吸を一回するたびに、それぞれが複雑な構造を持った無数の細胞が与えられた仕組み通りに機能し、無数の化学反応がそこに起こっています。瞬《まばた》き一つするために神経でやりとりされる電気信号の数。まして食べ物を口に入れて、噛んで、味を感じて、あろうことかそれを消化するなんていうのは、無数の奇跡の集合体です。さらにまして、その生命が何かをつくりだしたり、何かを考えたり、誰かを愛したり、誰かに愛されたりする日々を送るなんて、もはや天文学的な数の奇跡の大複合体です。

……と、ちょっとオーバーな書きぶりになってしまいましたが、言いたいことは「喜ぶのに理由なんていらない」ということです。理由もなしに喜ぶなんんてバカみたい、なんて思わなくていいんです。ただ生きているだけで、喜ぶ理由は無数にあるんです。ですから寝るときには「今日も生きた！」って喜んで寝ていいんです。生きるということはそれだけで十分すぎるほど、喜ぶに足る出来事なんです。

ちなみにキリスト教は「愛の宗教」と呼ばれ、聖書はその正典ですが、聖書には「喜」という字がなんと678回も出てきます。「愛」でさえ571回なのに。ですからキリスト教は「喜びの宗教」なのだということもできます。喜んで、喜びすぎるなんてことはないんです。

明日の心配は、神様に任せておけばいい

わたしがあなたの口とともにあって、あなたが語るべきことを教える。

（出エジプト記　4章12節）

モーセは神様から「君はイスラエル民族の指導者になりなさい」と言われた時、「いえいえ、私は口下手なのでふさわしくありません」と断りました。すると神様は、「いやいや、口下手でも関係ないよ。君が話すことは私が全部教えるから大丈夫！」とモーセを励ましました。

このことばを胸に刻んで、よく口にするクリスチャンは多いです。プレゼンだとかスピーチだとか、世の中ではどうしても人前で話さないといけない機会も多いものです。プレゼンテーションスキルは現代社会に求められる重要スキルの一つと言えるでしょう。しかしみんながみんな、それが得意なわけではありません。むしろ苦手な人が多いのではないでしょうか。僕も元々とても苦手でした。

でも苦手だからと言って、いつもそれを避けることはできません。どうしても話さなければいけないことだってあります。そんな時には「何を語ろうか？

どう語ろうか？　ちゃんと語れなかったらどうしようか？」といくらでも不安は出てきます。そんな不安にいちいちすべて付き合っていたら、眠れなくなるのも当然です。

そんな時は「語るべきことは神様が与えてくれるんだから」と自分に言い聞かせたり、神様に「語るべきことをしっかり私に教えてください」と祈ったりすると気が楽になります。このことばのおかげで、僕は（今でも上手とは言えませんけど）この苦手をある程度克服することができました。

これは必ずしも何かを話すときにだけ使えるものでもありません。たとえば僕はミュージシャン時代、演奏の前にもこのことばで心を落ち着かせたりもしたものです。特にジャズのコンサートでは、楽譜には最低限の情報しか書かれておらず、その場のひらめきで即興演奏をしなければいけませんから、「その場でフレーズを思いつかなかったらどうしよう？」とか、さまざまな不安が浮かびました。そんな時は、「大丈夫、フレーズは神様が与えてくれるから」と心を整え、そして神様に「必要なアイディアを与えてください」と祈りつつ楽屋での時間を過ごしていました。

足りないものは神様が埋めてくれる

明日やらねばならないことが気になって眠れないことは誰しも経験することだと思います。でも、「明日何をどうすればいいかは、明日神様が教えてくれる！」と思えば気が楽になります。そして、不思議なことにそんな気持ちでいたり、祈ったりすると本当に神様が語るべき言葉やアイディアを与えてくださるものです。それは時に、自分では思いもよらなかったほど、よいものであることもあります。神様に自分の言葉を委ねることで、自分の力で考えるよりもずっといい結果が生まれることもあるんです。

もちろん、自分である程度まで準備することも大切です。でも自分の準備だけで器をいっぱいにしてガチガチにやるよりも、神様が教えてくださるアイディアを入れるだけの余地を残しておくことがとても大切なのだと思います。その余地が心の余裕にもなりますし、その余裕が安眠ももたらしますし、その安眠がよいコンディションを生み出しますし、そうしたら結果だってきっとよくなります。

何事も自分の準備だけでガチガチにしてしまうからプレッシャーになってしまうんです。「何か足りないんじゃないか」と不安になってしまうんです。「足りないものがあったら神様が埋めてくれるさー」くらいに思っておくのがよいかと思います。

昔の罪に苛まれて
眠れない時こそ、祈る

わたし、このわたしは、わたし自身のために
あなたの背きの罪をぬぐい去り、
もうあなたの罪を思い出さない。

（イザヤ書　43章25節）

自分が過去にやってしまった過ちとか、やるべきなのにできなかったことととか、そういう自分の後悔に苛まれて眠れない時ってありませんか？　その日一日のうちに「あれをやっておけばよかった」とか「あんなこと、しなければよかった」とか思い出してしまうこともありますし、時には何年も昔のことについて、後悔で頭がいっぱいになって落ち着かなくなってしまうこともあります。

自分の罪を一番ゆるせないのは自分自身なのかもしれません。自分で過去の自分を責めて責めて……。しかし、よく考えてみると、そうやって過去の自分を責める時、責められて傷ついたり重荷を負ったりするのは現在の自分です。過去の自分を責める時、痛みを負うのは現在の自分であって、責められるべき過去の自分ではないんです。いくら過去の自分を責めてみても、当の過去の自分本人は平気な顔をして、何も変わりはしません。

責めれば責めるだけ、傷つくのは現在の自分、そしてその傷の影響を受けるのは明日の自分。過去はまったく変わりません。もちろん、反省するのはいいことです。過ちを繰り返さないことは、よい明日を迎えるために必要なことです。でも、責めても何の意味もないんです。

聖書で神様は、「私に罪を告白し、悔い改めたならば、私は二度とその罪を思い出さないよ」と言ってくださっています。ですから、過去の自分をゆるせずに責めたくなってしまった時、いつの間にやら責めてしまっている時、そんな時は神様に「過去の罪を告白します。そして悔い改めます。ゆるしてください」と祈ればいいんです。そうすればその罪はもう、自分の管轄ではなく、神様の管轄です。罪を抱いている自分ごと、正直に神様に委ねてしまえばいいんです。神様がゆるすと言っているものを、その弟子である自分がゆるさないのは筋の通らない話ですから。

神様は、やりなおすチャンスを与えてくれる

ただもちろん「神様がゆるしてくださるんだから何をしてもいいんだ」ということではありませんし、「同じ罪を何度繰り返しても大丈夫！」ということでもありません。この神様のゆるしを得るためには心を入れ替えて自分を新しくする「悔い改め」というものが必要です。簡単に言えば「もう二度と同じことはしません」と心を入れ替えて今日から生きようとする人に、神様は過去のことはもう問わないということです。今日から正しく生きるなら、「お前は前にこんな悪い奴だったじゃないか」と責めることはしないよ、ということです。

人の世は人の罪をゆるしません。一つの罪によって何年も何十年も責められることさえあります。いくら心を入れ替えても「あいつは過去にあんなことをした奴だ」と指を差されたりもします。しかしそれは人の世の価値観です。神様の価値観はそうではないんです。そして聖書は僕たち一人ひとりに、世の価

値観ではなく、神様の価値観で生きるようにすすめています。

罪を犯して悔い改めても、また同じ罪を犯してしまうこともあります。それでまた悔い改めてゆるされて、それでもなお同じ罪を犯してしまう。そのくらい人間というのは罪深い存在ですが、それでもなお、神様は、その悔い改めのたびに「君の過去の罪は思い出さない」とゆるして、やりなおすチャンスを与えてくれます。そのゆるしを受けて「今度こそ」「今度こそ」と生きるのが人間なのかもしれません。でもいつかこの繰り返しから脱することができる日がくると、神様は約束してくださっています。

眠れないのは人間の特権

さあ、人をわれわれのかたちとして、われわれの似姿に造ろう。こうして彼らが、海の魚、空の鳥、家畜、地のすべてのもの、地の上を這うすべてのものを支配するようにしよう。

（創世記　1章26節）

人間をはじめ、多くの動物は眠ります。それは眠るように神様に造られているということです。ナマケモノは一日に20時間以上眠るそうですし、馬は一日に3～4時間ほどしか眠らないそうですが、どちらにせよ眠らなければ生命を維持することができません。そしてもちろん、人間だってそうです。

しかし、不眠症や「眠れない夜」に悩むのは、たぶん人間だけです。少なくとも僕は、不眠症の動物なんて見たことがありませんし、ましてそれで悩む動物は見たことがありません。彼らは自分の体のメカニズムに従って、自然と必要な時に必要な睡眠をとります。人間だけが自分の体のメカニズムに従いきれず、逆らってしまうんです。しかし逆に言えば人間は、逆らうことができる、逆らう能力を与えられている、とも言えるんです。

神様は人間を、他の動物とは違う、特別な者として造りました。そして、人間にだけ、自分の息を吹き込みました。神様はいわば、自分の名代として人間を造り、この世界を管理させようと考えたんです。それで、それに必要な能力も与えました。その一つが自由意志です。人間は神様に与えられたメカニズムに従うだけでなく、自分の意志で行動できる特権を与えられているんです。ですから人間はたとえば徹夜ができたり、断食ができたりするんです。自分の体に与えられたメカニズムを、ある程度とはいえ、自分で管理・コントロールすることができるんです。

動物は、餌が取れないとか危険が迫っているとか何か外的な要因によって結果的に眠らなかったり、絶食したりすることはあっても、自分の意志で進んで徹夜したり断食したりすることはありません。動物はあくまでも与えられたメカニズムに従って生活します。

「眠らない」という特権

ただ、人間はこの自由意志という特権を濫用《らんよう》してしまいました。それが有名なアダムとイブの「禁断の実を食べてしまった事件」です。これによって人間は堕落してしまいました。人間は自分の自由意志を自分でコントロールしきれなくなってしまったんです。自分の意志で「眠らない」ことができる能力がコントロールを失って「眠れない」になってしまったんです。

他にも「必要なものを必要な時に手に入れる能力」がコントロールを失って「必要以上に欲しがる」になってしまったり、「自分の身を自分で守る能力」がコントロールを失って「相手を不必要に攻撃する」になってしまったりと、「罪」というのは人間の特権の濫用であり、そして人間の苦しみのほとんどはこの「罪」によって起こります。ですからもしこの濫用を止めることができれば、「眠れない」という苦しみは、もともとの「眠らない」という特権に戻るんです。

濫用を止めるには、その特権が何のために与えられていて、どのように用いるべきかを知らなければいけません。どうして人間だけが「眠らない」ことができるのか。これを考えることは意外と楽しいことかもしれません。

もしかしたらこれは、神様が人間に昼の世界も夜の世界も見せたかったのかもしれないと僕は思います。昼の世界の素晴らしさも、夜の世界の素晴らしさも、どちらも満喫できるように人間は自分の眠る時間を自分で決められるようになったのだと思えば、なるほどこれはちょっと素敵な特権だな、と思えます。

column

本当の「クリスマスらしく」なんかありません

クリスマスというと現代では一年で最もきらびやかな日と言えるかもしれません。しかし、世界で最初のクリスマス、つまり約2000年前にイエス様の生まれた日は「きらびやか」とは正反対の、真っ暗で静かな夜だったんです。

当時、ローマ皇帝から「国民はみんな故郷に帰って住民登録をするように！」という命令が出されました。それでみんなが故郷に向けて旅をしたので、ローマ国内は一気に深刻な宿泊施設不足に陥りました。

そんな中でマリアさんは旅の途中で産気づいてしまいました。夫ヨセフは宿を探そうとしましたが、どこの宿からも「満室だよ」と断られ、ようやくなんとか転がり込めたのは、ベッドも灯りも何もない馬小屋でした。もしかしたら本当は部屋は空いていたのに、「この忙しい書き入れ時に、うちの宿でお産なんかされたら困る！」と断った宿もあったかもしれません。とにかく、そんなわけでイエス様は真っ暗で静かな馬小屋の中でひっそりと生まれました。このことは「人間は人間の都合で神様を拒絶する」ということを示しています。イエス様は世に拒絶されながら生まれてきたんです。

イエス様の誕生を最初に知らされたのは羊飼いたちでした。羊飼いというのは当時の社会で最も低い身分で、「みんな住民登録をしなさい！」という命令下でさえ、「あぁ、君らの戸籍なんて要らないから登録しなくてもいいや」と例外扱いされてしまうほどに、低い扱いをされていたのでした。でもイエス様は、そんな身分の人たちに、最初にその姿を見せたのでした。ここに、身分の高い人やお金持ちや強い人や美しい人ではなく、「何も持たない」人を救うためにイエス様はやってきたのだ、というメッセージがあります。

真っ暗で、何もないところに降りてきた光。これがクリスマスの出来事です。その光を強調するために、後世では次第にこれをきらびやかに祝うようになっていきましたが、本来のクリスマスは暗闇にこそあるんです。

クリスマスにいわゆる「クリスマスらしい」ことをできないと、寂しい気持ちになることもあるかもしれませんが、実は本当のクリスマスはちっとも「クリスマスらしく」なんてないんです。ですからもし、一人で何もないクリスマスを過ごしている方がいるなら、その人こそが本当のクリスマスを味わい、神様に近づいていているのかもしれません。

第2章

眠りそのものについて考える

悪い奴ほど
よく眠るって本当？

悪しき者は、追う者もいないのに逃げるが、正しい人は若獅子のように頼もしい。

（箴言　28章1節）

「悪い奴ほどよく眠る」って、よく言われますけれど、これって本当でしょうか。この言葉ってことわざだと思われがちですけど、実は１９６０年の黒澤明監督の映画のタイトルで、それ以前に使われることはなかったんです。ですから日本以外でこのことばが人の口にあがることはありません。

むしろ聖書にはこの反対のことが書いてあります。「悪い人は、追う者がいなくても逃げる」と。つまり悪い人は「いつ自分の悪事がバレるか」とビクビクして過ごしているということですし、いつでも逃げられる態勢を整えているということでもあります。そんな状態では「よく眠る」どころか、かえって眠れなそうです。

また、悪い人は常に強いストレスにさらされているので、普通の人よりも睡眠欲求が高くなるのではないか、という説もあります。人によって、ストレスが高まると眠れなくなる人もいれば、ストレスを処理するために長時間の睡眠をとるようになる人もいるんだそうです。まぁいずれにせよ、悪い人のとる睡眠は、それほど質のいいものとは言えなそうです。

僕は決して「眠れない人は悪い人だ」と言っているわけではありません。眠れないあなたに「それはあなたが悪い人だからですよ」なんて言っているわけでもありません。よい人だって眠れなくなることはあります。でも「悪い奴ほどよく眠る」なんて、自分が眠れない夜を過ごしている時に思い起こしてしまったら、なんだか腹が立ちませんか？　「僕は眠れずに苦しんでいるのに、僕を苦しめているあいつはぐっすり眠っているというのか⁉」って。僕がここで言いたいのは、「そんなことないですよ。悪い人はむしろもっと眠れていませんよ」ってことです。

「眠れない理由」を探してみる

でも、もし眠れない夜に、自分がしてしまったよくないことを思い出して、それで落ち着かないのなら、神様に「自分は悪いことをしてしまいました。ゆるしてください」と祈るのは落ち着くためによい方法かもしれません。

僕は時々、自分が何かに追われているような気がして眠れなくなることがあります。そんな時に「何に追われているのだろう?」と思い返してみると、「あ、これだ」って思い当たることが見つかったりもします。

そんな時、僕はこの「悪しき者は、追う者もいないのに逃げる」ということばを思い出して、「追う者もいないのに逃げていた自分は悪しき者であったと気づきました、神様ごめんなさい、ゆるしてください」と祈ります。すると心が軽くなって落ち着いたりします。

悪いことを何もしていなくても眠れない夜はあります。が、もしそんな夜に幸運にも自分のしてしまった悪いことに気づかされたのなら、その場で祈ってその罪を告白し、悔い改めればすんなり眠れるかもしれません。自分の悪さに気づくことって、もちろん辛さや悲しみを伴うことですけど、幸運なことでもあると僕は思います。気づかずにそのまま生きていたら、きっと幸せではないでしょうから。

ですから、もし「理由もなく追われている」ような落ち着かない気分の時は、「もしかしたら」と自分の中を探してみてください。何か「悪いこと」が見つかればラッキー、それを神様に告白すればよいですし、見つからなければそれはそれで「落ち着かないのは僕のせいではない」と思えますからそれもよしです。

何も考えずに起きて、何も考えずに寝る

私は裸で母の胎から出て来た。また裸でかしこに帰ろう。

（ヨブ記　1章21節）

ヨブという人物は正しい人でしたが、あるとき神様からすべての財産と家族と健康を奪われてしまいました。しかしヨブは神様に恨み言を言わず、むしろ「私は裸で生まれたんだから、裸で死ぬまでです。神様は与えてもくださるし、奪いもする。神様はすばらしい」と神様を褒め称えました。

このことばを心の励みとして暗誦《あんしょう》するクリスチャンは少なくありません。人はつい「お金がない」とか「〇〇がない」と不安になったり不満を抱いたりしますが、誰もが生まれた時は何も持っていなかったはずです。たとえ10円玉であっても、赤ちゃんが手に握って生まれてきたら、とんでもなく驚きますよね。「びっくりニュース」的な番組で全国放送されてしまうレベルかもしれません。ですから今もし「自分には何もない」と思ってしまっていても、もし今、服を着ているなら服の分だけ生まれた時よりは何かを与えられていますし、10円だけでも持っているならそれも与えられているものです。

一方で、死ぬ時も人は何もこの世から持っていくことができません。いくら財産がたくさんあっても、それを天国に持っていくことはできませんし、家族や友人を連れていくこともできません。まさに人は裸で生まれ、裸で帰っていくんです。この世で与えられるものはすべて、この世にいる間だけ有効なものです。お金だって「この世にいる期間だけ有効」な期限付きクーポンみたいなものです。

眠りは「小さな死」？

ところで「眠りは小さな死である」と時々言われます。これは哲学者ショーペンハウエルの「睡眠は生命を維持するために、死から借りるものである」という言葉から派生したものだと言われていますが、これは興味深い考え方だと思います。

子どもが眠くなると泣くのは、眠気によって意識が薄れてゆくのを「死んでしまう！」と勘違いしているからだ、という説も聞いたことがあります。死を

「永遠の眠り」と表現することもありますものね。死と眠りって似ているんです。

ということは、寝る時もヨブのように「私は裸で起きたのだから、裸で寝よう」と考えてみるのもよいかもしれません。そう思って、起床する時の自分を観察してみましたら、なるほど、基本的に起床した瞬間に僕は何も考えていません。直前まで夢を見ていて、そのイメージが残っていることはありますけど。起きた瞬間から、まず「自分が目覚めたのだ」ということを認識し、「ここがどこであるか」を認識し、「今日は何をすべき日か」を認識し……と、ごく短時間にさまざまなことを「再認識」します。起きた瞬間、脳みそは白紙なんです。まさに「裸で起きた」と言えます。

そして一日、さまざまな行動や経験をし、そして夜になると寝ますが、夢の世界に現実の出来事を持ち込むことはできません。時には嫌な上司が夢にまで出るということもあるかもしれませんが、夢の中の上司は現実になんの影響も及ぼしません。夢の中で好きな人に告白しても、目覚めればもとの片想いのままです。だとすれば、「裸で起きたように、裸で寝る」と、その日一日のことを全部現実世界に置いてから寝ることにしてもなんの問題もないですし、むしろその方がよいように思えます。

「裸で起きたのだから裸で寝よう」、もちろん物理的に裸で寝ることを勧めているわけではないのですが、それはそれで健康によいという話もあります。やってみようかとも思いますが、夜中に地震がきたら裸だと困るな、とか考えてしまいます。すみません、蛇足でした。

子どもの頃は なぜあんなに眠れたのか

向きを変えて子どもたちのようにならなければ、決して天の御国に入れません。

（マタイの福音書　18章3節）

ある時、イエス様の弟子たちがイエス様に尋ねました。「天の国では誰が一番偉いんですか？」。弟子たちは「俺がイエス様の一番弟子だ！」「いやいや、僕の方がイエス様のお気に入りだ」「何を言っている、一番お役に立てているのは私だ！」と、互いに競っていたのでした。するとイエス様はそれに答えて言いました。「子どものような人が、一番偉いのだ」と。

小さな子どもは「誰が偉いか」なんて考えません。小学生くらいになってくると「クラスの中で誰が人気者か」みたいなことは気になってくるのでしょうが、もっと小さな子どもはそんなことは考えずに、ただひたすらに目の前に広がる自分の世界、神様に与えられた世界を満喫し、まっすぐに生きています。「誰が偉いか」を考えないということは、自分を誰とも比べない、ということです。とにかく、「素直であること」これが天の国では偉いのだと、イエス様は教えています。

不眠症の子どもって見たことがありません。むしろ「寝たくないのに限界が来て、その場でパッタリと電源が切れたかのように眠ってしまう」なんていう可愛くも微笑ましい光景を目にしたりします。「遠足の前の日にドキドキして眠れない！」とか「怖い話を聞いてしまって怖くて眠れない！」なんてことはあるかもしれませんが、それだって一過性のもので、いわゆる不眠に悩む子どもって、あんまりいないと思います。

これを「子どもには苦労がないからね」なんて言う人もいますが、僕は少し違うと思います。子どもは苦労がないからではなく、素直だからよく眠るのです。だって、子どもには子どもなりの苦労がたくさんありますから。大人から見たら些細な苦労であっても、それに現在進行形で直面している本人にとってみれば、それはしっかりと大きな苦労です。大人が、たとえば何か大きなビジネス上の困難を迎えている時のプレッシャーと、子どもが、たとえば九九を今学期中に覚えねばならないという時のプレッシャーって、実はあんまり変わらないと思います。「目の前の困難」に対して抱くプレッシャーは、大人も子どもも変わりません。

「素直」であるかどうか

ですから大切なポイントは、「苦労のあるかなしか」ではなく、「素直であるかどうか」なんです。大人は「この困難を乗り越えても次の困難がある。でもここでうまくやれば出世の道が……」とか余計なことを考えてしまいます。しかし子どもは「九九を覚えたら次は……」なんて考えません。純粋に九九に全力で立ち向かいます。そして、一つひとつの段を暗唱するたびに、しっかりと達成感を受け取って喜びます。このことが「素直である」ということだと思います。

大人はついつい、一つひとつの達成感を受け流してしまいます。「まだ次がある」とか「もっと大きな成果を上げたやつがいる」とか、せっかく与えられた達成感に水をさしてしまいます。これが、日々の生活で言えば眠れない原因になってしまったり、人生で言えば「天の国を受け入れられない」ということにつながってきます。

「素直」というと、日本人は特に「素直に謝る」とか「素直に従う」ということを連想してしまいますが、そうではなくて、「素直に喜ぶ」から始めるのがよいのではないかと思います。これがなかなか意外と難しくもあるんですけどね。大人って厄介な生き物です。

枕を濡らす夜も、神様はちゃんと知っています

私はあなたの涙を覚えているので、あなたに会って喜びに満たされたいと切望しています。

（テモテへの手紙第二　1章4節）

この手紙は、使徒パウロから弟子のテモテに向けた手紙です。この手紙のこの一文を読んだ時、僕は普段は涙腺が割と頑丈なタイプなのですけど、ちょっと泣きそうになりました。尊敬している「先生」とか「恩師」から、「私はあなたの涙を覚えているので」なんて言われたら、温かく抱きしめられるような、包み込まれるような、そんな感覚になりますよね。

テモテのように「私はあなたの涙を覚えている」と言ってくれる恩師がいる人は幸運です。しかし「私にはそんな人はいない……」という人もいるかもしれません。ええ、僕にだって実際にそんなことを言ってくれた恩師はいません。「よくがんばったな」くらいは言われたことはありますけど、「涙を覚えているから、会って、一緒に喜びたいぞ」なんて言ってもらったことはありません。

でも、イエス様は、神様は、僕たち一人ひとりにこのことばをかけてくださっているのだと僕は信じています、というか、知っています。神様は僕たちが誰にも言わずに、言えずに一人で抱えた悲しみも苦しみも、全部知ってくださっています。悲しみで一人枕を濡らした夜のことも、苦しみで一人うずくまって呻《うめ》いた夜のことも、みんな知っています。

逆に言えば、そんなすべてを神様の前では隠すことができないということですが、さらに逆に言えば、隠さなくてもよいということです。昔読んだ何かの小説で、「何もできないということは、何もしなくてよいということだ」とありましたが、「隠せないということは、隠さなくてよいということだ」とも言えるんです。

神様は僕たち一人ひとりの悲しみや苦しみを知っているからこそ、「だから私のところに来て、一緒に喜ぼう」と言ってくださるんです。つまりそれは聖書や教会への招きです。これはクリスチャンだけでなく、あらゆる人に対しての、神様からのメッセージです。

神様は、そばにいます

悲しくて、苦しくてどうしようもない時、せめて誰かが近くに寄り添ってい てくれたら、と思うことはありませんか。何もしてくれなくていい、ただそば にいてくれるだけで心が楽になるのに。ただ自分が悲しんでいること、苦しん でいることを知っていてくれる存在がいるだけで救われるのに。そんな風に思 うことはありませんか。

そんな時、必ず神様はそばにいます。あなたの悲しみや苦しみに寄り添って くれています。神様はクリスチャンにだけ寄り添うわけではありません。信じ ていない人にだって、同じように寄り添ってくださいます。そしてその悲しみ、 苦しみを知っているからこそ「一緒に喜ぼう」と言ってくれるんです。あなた のことを何も知らないのに「一緒に喜ぼう」なんて無責任に言うわけではない んです。

しかも神様は「その悲しみ、苦しみを乗り越えたら一緒に喜ぼう」なんて言っていません。そんな条件はつけていません。「今すぐにでも、会って、一緒に喜ぼう」と言ってくださいます。

悲しい夜、苦しい夜、枕を濡らしているあなたは決して孤独ではありません。世界で自分だけが取り残されている、隔絶されているような気がしても、あなたは取り残されてもいなければ、隔絶されてもいません。むしろそんな夜にこそ、あなたは神様の愛にしっかりとハグされて、包まれているんです。

怒りっぽい人は不眠製造機

怒りっぽい者と交わるな。激しやすい者と一緒に行くな。あなたがその道に倣って、自分が罠にかからないために。

（箴言　22章24～25節）

怒ったままでベッドに入ると睡眠の質が下がるということが、とある研究で報告されました。わざわざ学術として報告しなくても、なんとなく一般的な経験からわかることのような気もしますが、そんな一見「あたりまえ」のことにちゃんと根拠を見つけるということも科学の大切な役割の一つです。「あたりまえ」が実は間違っているなんてことも、ちょくちょくありますからね。

人が怒ると、体はアドレナリンというホルモンを大量に放出します。これによって心と体は「戦闘態勢」に入ります。睡眠に相応しい「リラックス態勢」とは正反対の状態になってしまうんです。ですから怒りは安眠の敵だということになります。不要な怒りを避けることで、安眠が近づくということでもあります。

ではどうしたら不要な怒りを避けられるのでしょう。それには色々な方法があるでしょうが、そのうちの一つはこのことばが教えてくれています。即ち

「怒っている人、怒りやすい人とは距離を置け」ということです。怒りの感情って、伝染しますよね。怒っている人の近くとか、怒りムードの会議室にずっといたりすると、自分もなんだか無性に腹が立ってくることって、あります。ですからまず、他人の怒り、「外部の」怒りから距離を置くことが大切です。

でも、毎日会う上司とか、一緒に暮らす家族やパートナーが怒りっぽい人だったりすると、距離を置くことは難しかったりもします。そんな時は「その道に倣《なら》って罠にかかるな」と、このことばは教えています。つまり、「怒りはうつるもの」だとか、怒りの性質を理解して、自分が他人の怒りに影響されないようにしましょう、ということです。

「怒り」をコントロールする

怒りって心理学的に分析すると、そこには必ず原因となる「一次感情」というものがあります。例えば、「なんでいつも勝手にエアコンの温度を下げるの！」と怒っている人は、実は「エアコンの温度を下げる」ことに怒っているのではなく、「寒い」という不満を持っているんです。そこで「だって暑いんだから仕方ないでしょうよ！」と怒ってしまっては、お互いに怒りの連鎖になってしまいます。そこで相手の怒りに倣わないためには「そうか、あなたは寒く感じているんだね」と相手の一次感情に共感することです。

反対に、自分の怒りが他人にうつることを防ぐには「どうしてエアコンの温度を下げるの！」ではなく、「私は寒いです」と伝えることが必要です。怒り自体を伝えるのではなく、怒りの原因になっている感覚を伝えることで不要な怒りの連鎖を防ぐことができます。

同じように、自分自身が「怒りで眠れない！」という時は、自分自身の怒りの原因になっている一次感情は何か、と自問してみることが有効かもしれません。それを辿って行くと、たとえば「自分はこれを守りたくて怒っているんだ」

「……ということは、自分にとってこれは大切なものなんだ」とわかったりします。そうしたら翌日に、怒りの対象に「自分にとってはこれが大切なんです」と伝えればいいんです。

聖書全般を通して怒りという感情自体は決して悪いものだとは書かれていません。神様もイエス様も何度も聖書の中で怒っています。しかし、怒りのコントロールを失うことはよくないことだとされています。怒りは人間に大きなパワーを与えてくれますから、場合によっては有用な感情でもあります。でもだからこそちゃんとコントロールしないといけないということです。

お金の心配で
眠れないのなら、
億万長者でも不眠です

働く者は少し食べても多く食べても、
心地よく眠る。
富む者は満腹しても、
安眠を妨げられる。

（伝道者の書　5章12節）

将来のお金のことが心配で眠れない……なんてこと、ありますよね。僕もしょっちゅうあります。「神様が必要なものは与えてくださる」と信じているはずなのに、それでも時々、そんな「お金の悩み」で眠れなくなったりします。自分の信仰の薄さを思い知らされます。そんな時はその信仰の薄さごと、神様に告白して祈ることにしています。「神様、お金が心配です。お金の心配はするなと神様が言ってくださるのは知っているのに、それでも心配になってしまいます、すみません」といった具合に。

「もし、宝くじが当たったり、事業が大成功したりして大金持ちになれたら、こんなお金の心配で眠れない夜はなくなるのに！」なんて思うこともありますが、聖書によれば実はそんなことはないようです。聖書にはむしろ、お金持ちの方が眠れないぞ、と書いてあります。なんだか意外ですよね。残念ながら僕はお金持ちになったことはないので、実体験を書くことはできませんが、おそらくそれは、「得られない不安」よりも「失う不安」の方が強い、ということではないかと思います。

そのように考えてみると、お金持ちではない僕も、「お金の不安」を思う時、「得られない不安」よりも「失う不安」と闘っていることがわかります。「もっとよい暮らしをすることができない」ということよりも、「今の暮らしを失ってしまう」ことの方が、人間にとってはるかに恐ろしいことです。すると、今多くのものを持っている人の方が、失うものが多いということで、その不安は増大するのかもしれません。高価でおいしいものを食べれば食べるほど「これを食べられなくなるかもしれない」という不安を感じる機会は増えますもんね。元の生活レベルがどうあれ、「生活レベルが下がる」ということは人間にとって想像以上に大きなストレスなんだそうです。

「未来の自分」の不安を背負い込まない

とある狩猟部族の生活を研究した人がいまして、その人によるとその部族の人たちが川で大きな魚を獲った時に出る「幸せホルモン」の量は、都市生活者が1年分の生活費をまとめて得た時に出る量に匹敵するのだそうです。その魚はいくら大きいと言ったって、せいぜい2～3日の食料に過ぎないのに、です。

たぶん、都市生活者は先の心配までしすぎなんです。現代社会に生きていれば1年先、5年先、10年先の安定まで当たり前のように求めてしまいます。なんなら子どもの頃から数十年後に老衰でなくなるまでの安定を求めていたりします。もしかしたらお金持ちの方は、自分が死んだ後の家の存続なんてことまで考えているのかもしれません。そんなことまで考えたら、確かにいくらお金があっても安心することはできないでしょう。たぶん現代人って、「未来の自分」の不安やストレスまで、「今の自分」が背負い込みすぎなんです。そしてたぶん、お金がある人ほど、その傾向が強いんです。

でも人間って、「今」しか生きられない存在です。人間に与えられている時間は常に「今」だけです。ですから極端な話、今目の前に食事があるのなら、それを喜ぶことに全力を注いだ方が、幸せにはなりやすいし、安眠もしやすいと思うんです。もちろん、さすがにそこまで「今」だけでは社会で生きるのも難しいでしょうけども、少なくとも自分の「不安のタイムスパン」をなるべく短くすることは、大切なことなのだと思います。

悪夢の話

寝台が私を慰め、寝床が嘆きを負ってくれる
と私が思っても、
あなたは、いくつもの夢で私をおののかせ、幻によって私をおびえさせます。

（ヨブ記　7章13～14節）

ストレスの多い大変な一日がようやく終わって、でもまた明日からもたくさんの大変な日が待っている……せめて、布団の中だけでは安らかな気持ちでいたい、布団だけが僕の味方だ！　そんな気持ちで寝床に入ったら、悪夢にうなされて眠れない、布団さん、あなたまで僕の味方になってくれないんですか⁉　あなたまで僕を苦しめるんですか⁉

そんな夜を経験したことのある方も多いと思います。僕もそんな夜はたくさんあります。むしろ現実生活でのストレスが多ければ多いほど、布団の中で悪夢に苦しむ確率も上がるような気がします。現実でも夢の中でも苦しむのなら、いったい僕はどこで安息を得ればいいのですか、神様‼

２５００年前（諸説ありますが）に生きたヨブさんも同じように嘆いています。悪夢というのは今も昔も人を苦しめ続けてきたのですね。ヨブさんはさらにこの後で、「かまわないでください。もう嫌です。いつまでも生きたくありません」とまで、神様に訴えています。僕たちも、本当にそんな気持ちになりますよね、現実でも苦しみ、夢でも苦しめられたら。まさに八方塞がりです。逃げ場がない。苦しみから逃げられる場所がない。

でも、そんな時でも、「神に祈る」という道だけは空いているというのが、唯一の救いなのかもしれません。もしヨブさんが、そんな八方塞がりの苦しみの中で神様に「もう嫌です！」と言うことさえできなかったら、きっと心が折れてしまったことでしょう。どんな時にでも、自分の苦しみを訴えられる相手がいるというのは、ありがたいことです。

悪夢をポジティブに捉える

さて、悪夢ってどうして見るのでしょう。これだけ発展した現代科学をもってしても、その理由はまだ明確にはなっていないのだそうです。ただ、ストレスや病気、過度なアルコールなどが、悪夢を見る可能性を高める要因になるということが、統計的には分かっています。ストレスが強いからこそせめて安眠くらいはしたいのに、ストレスのせいで安眠できないなんて、ジレンマを感じてしまいます。

さらにジレンマを感じるのは、悪夢を見る可能性を高める要因の一つに「睡眠不足」もあるということです。睡眠不足だからこそ寝たいのに、睡眠不足だから眠れないなんて、恐ろしいジレンマです。でもたしかに、そんな時ってありますよね。心身ともにヘトヘトなのに、なぜか眠れない時。眠るのにもある程度の体力と気力が必要だということなのでしょうか。安眠を確保するには、毎日しっかり睡眠時間を確保すること。睡眠不足は安眠の敵。ちょっと意外ですし、理不尽にも感じますが、意識に留めておいた方がよい情報かと思います。

ただ、悪夢にも悪いことばかりではなく、それによって心のストレスを浄化するという働きもあるのだそうです。嫌な感情を夢の中で吐き出しきってしまうようなイメージですかね。あるいは夢の中で現実よりもヘビーな経験をしておくことで、現実に対する心の抵抗力をあげておくというような効果もあったりするようです。ですからもし悪夢で目覚めてしまった時は「よし！　心が浄化されたぞ！」とポジティブに捉えてみるのもよいかもしれません。

……とはいえ、嫌ですよね悪夢。本当に、布団の中だけでもよい気持ちでいたいものです。皆様、どうかよい夢を。

現代人は「王のストレス」を抱えています

いつまで 私は自分のたましいのうちで
思い悩まなければならないのでしょう。
私の心には 一日中 悲しみがあります。
いつまで 敵が私の上におごり高ぶるのですか。

（詩篇　13篇2節）

イスラエル最高の名君との誉れ高いダビデですが、詩篇には彼の嘆きの詩がたくさん収録されています。最高の地位と栄誉を得た人でさえ、人生における苦しみから脱することはできず、むしろ人一倍苦しみました。

不眠症はよく「現代病」なんて言われますけれど、いえいえ昔の人だって不眠に苦しんだんです。ダビデもここで「一日中」悲しみがあると訴えています。昼間は苦しいけど夜は安心して寝ています、なんてことではないんです。ただ、もしかしたら昔の人の方が不眠症は少なくはあったかもしれません。

現代社会はあまりにも多くのことを自分で決めなくてはいけません。何時に寝るか、何時に起きるか、何を着るか、何を食べるか、誰と会うか、どこに行くか……あらゆることを自分で決めなくてはいけません。しかし昔の人の多くはそこまで自分のことを自分で決めてはいませんでした。たとえば日の出とともに起きて、日の入りとともに寝るとか、食べ物にしても服にしても、今よりも圧倒的に少ないバリエーションしかなかったですし、地域密着で暮らしていれば誰と会うかとかどこに行くかなんかも、自ずと決まっていたのでした。しかしダビデのように王ともなれば、かなりの部分で自分のことを自分で決めることができたでしょうし、決めなくてはならなかったと思います。

疲れたときは「決断」を減らす

認知資源という言葉があります。これは人の脳みそのエネルギーのようなもので、何かを決断したり実行したりするときに消費されます。これが枯渇すると、判断力や行動力に支障が生じてきます。Apple社のスティーブ・ジョブズ氏は、いつも同じ服を着ていましたが、これは「着る服を決める」ということで消費する認知資源を節約するという意味もあったのだそうです。日常生活で何気なく行っている決定でも、どんどん認知資源は消費されてしまいます。現代社会はあまりにも多くの自由があるゆえに、一人ひとりに要求される認知資源の量も膨大なものになってしまっているんです。

つまり、ある意味で現代人は誰もが「王としての生活」を強いられているとも言えます。一般人として生活しながら、決断を求められる機会や量は、昔の王様並みに要求されているんです。王様は王様ですからその分、ごちそうを食べたり、豪華な暮らしをしたりというメリットも享受できたでしょうが、現代人の多くはそんなメリットなしに、ただ「決断」という義務に応え続けなければいけない状況に置かれています。

この「決断」を少しでも減らすことができれば、心に余裕が出てきます。僕は「心が疲れているな」と思った時は、食事の献立を毎食同じものにしてしまいます。朝も昼も晩も「麦飯、味噌汁、焼き鮭、きんぴら」です。必要な栄養はバランスを含めてこれでばっちりですから、お腹が空いたらそれを食べればいいだけです。そんな生活を2週間もして「さすがに飽きてきたな」と思う頃には、ずいぶんと心が回復していたりします。不思議なもので、食事の「決断」

をそんな風に減らしてやると、服とか就寝時間とかに関わる「決断」まで自ずと減ってきたりします。あえて、「王の地位」を捨てて、最低限の生活を心がけると心が楽になってくるんです。

……とはいえ、さすがにずっとだと飽きるので、元気になったらおいしいものを食べてまた「王の地位」に戻ってしまうんですけどね。

聖書は
最高の安眠ツール？

ユテコという名の一人の青年が、窓のところに腰掛けていたが、パウロの話が長く続くので、ひどく眠気がさし、とうとう眠り込んで三階から下に落ちてしまった。

（使徒の働き　20章9節）

校長先生の長い話って、眠くなりますよね。正直に言ってしまえばクリスチャンも、牧師の長い説教に眠くなってしまうことがあります。そして聖書にもこんな風に、長い説教に眠くなって居眠りをしてしまった人が登場します。居眠りをして3階から落ちてしまったこの青年は、一旦はその衝撃で死んでしまうのですが、パウロによって生き返りました。よかったよかった。そしてこの青年はその奇跡によって、みんなの希望と慰めになりました。そして現代でも我々「ぐうたらクリスチャン」の希望の星になっています。神様は居眠りさえも栄光に変えてしまうんです。

クリスチャンにとって、睡魔との闘いは長い説教の時だけではありません。聖書を読みながら眠くなってしまうこともありますし、祈りながら眠くなってしまうことだってあります。眠りたい時には眠れないのに、どうして眠りたくない時や眠ってはいけない時にはこんなに眠くなるのか！　たぶんこれはクリスチャンに限らず、多くの人にとって共通の謎ですよね。

高校時代、能楽教室というイベントがあって、クラスみんなで能を観に行きました。しかし、それを引率した古文の先生は、能が演じられている間ずっと寝ていました。後から「先生、寝てたじゃないですかー！」と文句を言ったら、「能を観ながら眠くなって寝てしまうというのは、それがよい能である証拠なのである。よい能だから脳にアルファ波が出て眠くなる。悪い能ならアルファ波は出ないから眠くなどならないのだ」と力説されました。

アルファ波というのは、人間がリラックスしている時に出る脳波です。ですから確かに下手くそな能とか音楽を鑑賞しながらでは出にくいものかもしれません。とは言えしかし、ちょっと言い訳がすぎませんか、先生……。

眠くなるのは「よいもの」だから

でもあえてこの先生の理論に従うならば、説教で眠くなってしまうのも、聖書で眠くなってしまうのも、お祈りで眠くなってしまうのも、それがよいものであるからだ！　ということになります。うん、なんだかそれはそれで、すごくポジティブな理論な気がしてきました先生。

僕の通っている教会の牧師も、「説教は毛穴から入るから寝ていてもいい！」と言ったりします。眠くなっても、寝てしまっても、そこに参加していることが大切なのだということです。そう考えれば確かに、「眠くなっちゃうから聖書を読まない」よりも「眠くなっても聖書を読む」方がいいでしょうし、もちろんお祈りについても同じでしょう。さらにいえば「眠くなるために聖書を読む」でさえ、「眠くなっちゃうから聖書を読まない」よりはずっとよいことです。これはたとえば勉強に置き換えても「眠くなっちゃうから勉強しない」よりも「眠くなるまでだけでも勉強する」方がよいことだと言えます。

実際、クリスチャンでも「聖書を読むと自然と眠くなってくるから便利」なんて、半ば冗談ですけど、言う方もいます。それだって、毎晩眠くなるまでは聖書を読んでいるのですから立派なものです。ええ、そんなわけですから「聖書を読んで眠くなる」のは悪いことではありません（断言）！　それは聖書がよいものである証拠なんです！　聖書を読んで安眠できるなら、安眠のために聖書を読んだっていいんです！　……と、苦しい言い訳が先生から生徒へと受け継がれたというお話でした（笑）。

悩ましい問題は、サイコロで解決!?

モーセはイスラエルの子らに命じて言った。「これが、あなたがたがくじを引いて相続地とする地である。……」

（民数記　34章13節）

モーセを指導者とするエジプト脱出の40年の旅が終わりに近づいていた時、神様はモーセに率いられたイスラエル12部族に、それぞれ「安住の地」として土地を与えましたが、どの部族がどの土地をもらうのかは、なんと「くじびきで決めろ」と言ったんです。

「そんな大事なことをくじびきで決めるなんて！　ちゃんと話し合うべきだ！」って思う方も多いと思います。僕だってそう思います。でも、どうして神様はこんな大切なことをくじびきで決めろなんて言ったんだろう？　と、つらつら考えてみますと、今までとはちょっと違う切り口も見えてきました。

くじびきの対象になった土地には「人気のある土地」と「人気のない土地」があったことでしょう。それを話し合いで決めようとなったら、みんな「人気のある土地」を欲しがって、そこで互いに譲らずに争いが生じてしまうかもしれません。仮になんらかの決着をつけられたとしても、「人気のない土地」を結果的にあてがわれてしまった人は、「人気のある土地」をゲットした人を恨むかもしれません。そもそもその話し合いに何の決着もつけられず、いたずらに時ばかりが流れるかもしれません。

それならば「くじびきで恨みっこなしね！」と決めてしまった方が、スピーディな決定ができますし、自分の望む土地を得られなかった人も「運が悪かった、仕方ない」と諦めがつくかもしれません。ましてこのくじびきは神様の命令です。当然、神様がそのくじに介入して、ご自身の意志を反映させたりもするわけです。

くじやサイコロに相談してみる

しなければならない決断によって、安眠が妨げられることってありますよね。決断って人の心にとっては大きなストレスになり得ます。僕は大きな決断をする時、たとえば「この仕事を受けるべきか受けないべきか」と悩んだ時、もちろんしっかりとそれについて考えたり祈ったりしますが、考えても考えても結論が出せない場合には、たとえばサイコロを「偶数なら受ける。奇数なら受けない！」と投げてみることがあります。

「そんないい加減な！」と思われるかもしれませんが、限界まで考えても決められないということはそのまま考えても今後も決まらない可能性が高いですし、それだけ悩むということはどっちの選択肢を取ったとしてもメリットとデメリットが同じくらいだということです。それならばそれ以上そこで時間と脳みそのキャパシティを大量に使い続けるよりは、サイコロでまず「とりあえず」その方向で考えたり祈ったりしてみる方が、事態が前に進んだりします。

実際に振ってみると「よし、これで決めた！」ということもありますし、「いや、もう一度振ってみよう」ということもあります。後者の気持ちになったときは自分の本心ではその結論を望んでいないとか、神様が「お前、それは違うだろ！」と語りかけているとかが示されているのですから、そんな時は反対の結論を検討すればいいんです。サイコロで示された「結論」に、自分の心がどう反応するのかを観察するんです。

考えても考えても結論がなかなか出ずに安眠を妨害してくる問題には、それで「最終決定」はせずも、とりあえず一度くじやサイコロに相談してみる、そして少なくともその晩は「とりあえず」そういうことにして寝てしまうというのは意外とよい対処じゃないかと思うんです。寝不足だといよいよ考えがまとまらずに悪循環にハマりますからね。

焦らなくていいんです。むしろワクワクしましょ

彼らは言う。「彼のすることを早くさせよ。
急がせよ。それを見てみたい。
イスラエルの聖なる方のご計画が近づいて、成就すればよい。それを知りたい。」と。

（イザヤ書　5章19節）

「神の民」と言われた古代イスラエルの人々の中にも、神様の計画を信じきれない人がたくさんいました。もしかしたらそういう人の方が多数派だったかもしれません。彼らは「神様の計画があるっていうなら、早く達成してくれなきゃ困る」と言いました。神様はそんな人たちを「罪を引き寄せる者たち」と呼んで叱りました。

人間はどうしても自分の計画を自分の立てたスケジュール通りに行いたいものです。スケジュールが崩れるとイライラしてきたり、心に焦りが生じてきたりもします。こういった「焦り」も人を眠れなくする原因の大きな一つの巨頭だと思います。

僕にもそんな「焦り」がたくさんあります。高校生の時には「24歳までに結婚する」と計画していたのに、40歳を越えた今でもしていません。「30歳までには年収1000万を達成して……」なんてことも計画していたのに、これまた今でもそれとは程遠いところにいます。それを「こんなはずじゃなかった」と悩み始めると、「あの時ああしていれば、こうしていれば……」と色々考えてしまって眠れなくなります。そんな「計画と現実のズレ」について考え始めると、やがて「自分は今まで何をやっていたんだろう」とか「今までの自分の人生は無駄だった」とか、すごくネガティブな方向に思考が進んでしまったりします。こうなるといよいよ眠れません。眠れるわけもありません。

でも、聖書を読みますと、そこに出てくる人物に「自分の立てた計画」通りに人生が進んだ人なんていません。人間の計画と神様の計画は常にズレるんです。聖書の登場人物たちもそこで悩んだり焦ったりします。聖書の中には「いつまでですか」という問いが何度も出てきます。これは「自分をいつまでこの状況に置いておくんですか」という焦りの問いです。

「空の自分」に何を注いでもらえるか

「自分の今までの人生は無駄だった」と思ってしまうことは、きっと誰にでもあると思います。でも聖書は約束してくれます。「君が無駄だと思ってしまったその時間は決して無駄ではないのだ」と。

神様の計画は常に人間の計画よりもよいものです。ですからもし、自分の立てた計画通りに人生が運ばないなら、それは神様の立てた、よりよい計画に人生が導かれているのかもしれません。人間の目には一見、価値がないように見えるもの、無駄に見える時間に、神様は価値を見出したり、与えたりしてくださる方です。むしろ、そんなもの、そんな時間にこそ、神様は栄光を示してくださいます。神様は人間が「どうだ、これには価値があるだろう！」と誇るものには目を止めない方です。

たとえば、作ったそばつゆを保管する時なんかに、空瓶は便利です。そんな時には、中身の詰まった瓶は役に立ちません。中身がコーラであれ、高価なお酒であれ、そばつゆを保管する時に中身は邪魔でしかありません。その瓶は空であることに意味があるんです。そのためにわざわざ空瓶をとっておいたりもします。

誰かの人生と自分の人生を比べて羨むというのは、空瓶が中身の詰まった瓶を羨むようなものです。でも聖書を読めば、空である自分は羨んだり焦ったりせずに「何を注いでもらえるか」とワクワクしていればよいのだということがわかります。もし自分を空瓶だと思うなら、そのまま堂々と空のままでいて、中身を注がれるのを待てばいいのです。そしてきっとその中身はよいものですから。

聖書で一番の出世頭

聖書にはいくつもの立身出世物語が描かれていますが、その中でも1番の出世頭といえば、羊飼いから王様にまで登ったダビデだと言えるでしょう。ダビデは、当時の社会で最も低い身分であった羊飼いの家の、しかも末っ子として生まれました。当時の常識で言えば出世どころか、自分の財産を持つことさえ難しい境遇でした。

ある時ダビデは、兵役についていた兄の弁当を運びに戦場に行きました。するとそこではちょうど敵軍のゴリアテという大男が大暴れしていまして、誰も彼に歯が立たずみんな困っていました。ダビデはそこで「私があの大男を倒します」と申し出ました。ダビデはまだ若くて体も小さく、鎧をつけて歩いたらヨロヨロしてしまうほどだったので、誰もが「いやいや、無理でしょ！」と思いました。が、ダビデは石ころを持ってゴリアテの前に立ち、その石をえいやっ！　とゴリアテに投げつけると、それはゴリアテの額に命中し、それでゴリアテは死んでしまいました。これをきっかけに、ダビデは英雄として扱われるようになり、その後色々と紆余曲折や人並みならぬ苦労はありつつも、やがて王様にまでなりました。

弁当を運ぶおつかいがきっかけで王様になっちゃったんです、ダビデは。人生、いつ何がどう転ぶかわかりません。でもこれは、ダビデがすごいのではありません。神様がすごいんです。ダビデに限らず聖書の偉人たちはみんな、誰もが「無理だ。できっこない」と思うことを成し遂げます。人間の能力や常識では不可能なことでも、神様の力なら可能です。問題なのはそれを信じられるか否かです。「自分には無理。だけど神様にはできる」という確信を持って事に臨めるか否かです。

そして神様は「立派な人間」を通してその力を発揮するわけではありません。ダビデという「若くて体も小さい羊飼いの末っ子」を用いて力を発揮したように「無理。ましてこの人にはもっと無理。やってみる価値さえない」と、周りの人が思うような人を用いて、その力を発揮したりします。

「自分には何の才能も境遇もパワーもない」という人にこそ、神様は力を与え、その人を用いるんです。もし、皆様のなかでそんな風に悩んだり落ち込んだりしている方がいるなら、神様が次に用いるのはあなたかもしれないんです。

第3章

明日を元気にすることば

「敵」の力を
過大評価していませんか？

主は私の味方。私は恐れない。
人は私に何ができよう。

（詩篇　118篇6節）

憎たらしい上司！　憎たらしい同僚！　憎たらしい競争相手！……そんな人たちのことを考えると腹が立ったり、時には恐ろしく思ったりします。「明日は彼らにこんなことをされるんじゃないか。さらに将来的にはエスカレートしてあんなことまでされてしまうんじゃないか……」。人間の想像力ってたくましいもので、そんな風に考え出すといくらでも「彼ら」が自分に加えようとする危害を想像できてしまうものです。

僕も学生時代、「いじめっ子」に少々いじめられたりもしましたし、社会人になっても「そりの合わない人」とか、「ビジネス上の競争相手」とかがいますし、こうして本を書かせていただくようになってからは、いわゆる「アンチ」という方々もいらっしゃったりします。そして僕もそんな「彼ら」が「次はあんなことをしてくるのではないか、こんなこともしてくるのではないか」と想像力豊かにあれこれと想像してしまうことがあります。でも、大体の場合、それは杞憂《きゆう》に終わります。「彼ら」に僕の想像力を超えた、とんでもない「あんなこと」をされたことは、幸いにしてありません。

聖書に照らして考えてみれば、それもそうなのです。だって「彼ら」も僕と同じ人間ですから、色々なことに限界があります。「彼ら」だって、それぞれの仕事や生活に追われていますし、1日は24時間しかありませんし、瞬間移動ができるわけでもないですし、全知全能なわけでもありません。人間にできることって、神様の前ではあまりに小さなことですし、それは「彼ら」だって変わりません。

人間ってつい「彼ら」すなわち敵の能力を過大評価してしまいがちなものです。「常に最悪の状態も想定しておく」というのは危機管理の上で大切なことですが、人間は、時としてそれを想定しすぎて「最悪以下の状態」までにも、どこまでも想像力を膨らませてしまい、それで自分を追い込んだりしてしまいます。

「彼ら」も人間でしかない

「彼ら」も自分と同じ人間だと思えば、自ずと「彼ら」にできることの範囲も見えてきます。それよりもはるかに恐れるべきは、本当になんでもできてしまう神様の方です。神様を敵に回したのなら、それはもうどんなことだって起こり得ます。「最低の下《げ》の下《か》の下《しも》の下《した》から飛び降りた」ような状況にだって追い込まれかねません。しかし「彼ら」は人間ですから、僕たちに対してできることと言えばちょっと心を傷つけるとか、嫌な思いをさせるとか、チャンスを奪うとか……まぁ色々ありますが、せいぜいその程度です。

それよりも、実は「彼ら」によって自分が苦しむ真の理由は、自分の「想像力」であるケースも多々あるように思います。自分で「彼ら」による加害についてどんどん想像を膨らませて、それで自分が弱り、追い込まれていくような。だから僕は「彼ら」を恐れてしまう時、この聖句を思い起こして、「彼ら」も人間でしかない、恐るるに足らず！　と心を落ち着かせるんです。

でももし、本当に「彼ら」がとんでもないことをしてきた場合は、もちろんすぐに警察なり労基署なり弁護士なり、しかるべきところに連絡してくださいね。「彼ら」のためにあなたが必要以上に傷ついたり苦しんだりする理由なんてないんですから。場合によっては逃げたっていいんです。逃げる場所が思い浮かばない方、そんな方のために教会はあるんですよ。僕はカエルが嫌いですから道にカエルがいたら逃げますが、いつの間にやらカエルの方も逃げ出して、次にその道を通る時にはいなくなっているものです。

働く分だけ安らぎが必要です

片手に安らかさを満たすことは、両手に労苦を満たして風を追うのにまさる。

（伝道者の書　4章6節）

「ワークライフバランス」という言葉が出てきてからもう長いこと経ちますし、それが具体化した「働き方改革」という言葉もすっかり浸透しました。それが本当に十分になされているかどうかはまだまだ検討の余地があると思いますけれど、社会全般の風潮として「人間にはもっとゆとりの時間が必要だ」という流れが起きていることはまちがいないかと思います。

でもこれ、21世紀になって新しくできた概念ではなく、紀元前10世紀頃に生きたソロモンによって、すでに言われているんです。それがこのことばです。3000年前から人間は、ともすれば両手いっぱいに仕事を抱え、ゆとりのない状態に陥っていたのだということがここからわかります。そしてソロモンは両手いっぱいに仕事をしていては、どんなに大きな功績をそれで成し遂げたとしても、それは空しいと言っています。片手で仕事をして、もう片手で安らぐ、このくらいが人間には本来ちょうどいいのだということです。

戦士は片手に剣を、片手に盾を持って戦います。片手は相手を倒すことに使い、片手は自分を守ることに使う、これがバランスのとれた戦い方です。両手に剣を持って戦うのはリスクの大きなことです。これを現代風に剣を仕事に置き換えるなら、盾はストレスや疲労から自分を守ること、すなわち休息に置き換えられるかと思います。

盾を使って身を守ることも、戦闘の一環であって、決してサボっているわけではありません。休むことを「サボっている」ように感じて、「なんか申し訳ない」と思ってしまう方も少なくないと思いますが、そんなことを思う必要はないんです。休んでいるあなたは今、盾を使って敵の攻撃に対処しているんです。

……もちろん、盾で守ってばかりでは戦には勝てないですけどね。でも、敵の攻撃が激しい時には、じっと盾に身を隠してやりすごすのだって、一つの立派な戦法です。

哲学者ヒルティは『幸福論』でこんなことを言っています。

「人間の天性は働くようにできている」

「そうだ！　人間は働くようにできているんだから、さぁどんどん働け！」と、これだけ読むとブラック企業の社長さんたちが喜んでしまいそうな言葉ですが、ヒルティの言っていることを要約すると「労働なしに真の休息はないし、休息なしに真の労働もない」ということです。そしてこのバランスがとれた状態を「この地上における最も幸福な境地である」と言っています。

現代社会では「両手に剣を持って突き進め！　がむしゃらに働け！」という風潮が、昭和の頃より多少は緩和されたかもしれませんが、まだまだ残っています。たぶん、睡眠時間が少ないことを自慢するような人がいるうちはまだまだなんだと思います。自慢すべきは睡眠時間とか休息時間の少なさではなく、そこにバランスがきちんととれていることです。ですから、たくさん寝ることとか、余暇にたっぷり時間を使うこととかを、恥じることはありません。申し訳なく思うこともありません。もちろんそればっかりではいけませんけど。

また、この聖句をよく読むと「仕事」ではなく「労苦」と書いてあります。それは必ずしも「お金をもらう仕事」である必要はないということです。勉強でも練習でもその他の努力でもなんでもいいんです。それはヒルティも同じように「労働の種類は問わない」と言っています。「自分の道を進むことと休むこと」。このバランスが大切だということです。

さぁ明日も堂々と休みつつ遊びつつがんばりましょう。

食べものと同じように「触れる言葉」に気をつける

口に入る物は人を汚しません。口から出るもの、それが人を汚すのです。

（マタイの福音書　15章11節）

悪い言葉を口にするのはいけないことです。それは人を傷つけるから、というのももちろんですが、それとともに自分を汚してしまうからです。聖書にはそれがこのように明確に書いてあります。そして、だから「人の益になることだけを語りなさい」と。

僕はさらに思うのです。悪い言葉を耳にするのも避けた方がいいことだ、と。世の中って、気をつけてみると汚い言葉に溢れています。悪口、陰口、攻撃、嫌悪、責任回避、嘲笑《ちょうしょう》、愚弄《ぐろう》……数えればキリがありません。テレビをダラダラと流していれば、嫌でもそんな言葉が耳に飛び込んでしまいますし、漫然とネットサーフィンをしていたら、よほどそれを避けない限り、そんな言葉が目に飛び込んでしまいます。

僕は心が疲れたな、と思った時はまずテレビとネットを止めてしまいます。新聞も読みません。世の中の情報にはネガティブな要素が多分に含まれているので、極力それをシャットアウトします。仕事でどうしても入れなければいけない情報は最低限だけ入れますが、積極的に入れる情報は聖書くらいのものです。それさえ「嘆きの箇所」なんかは避けます。言わば「情報の断食」をします。すると、2～3日で心がスーッと軽くなるんです。

心は、体と同じように大切なものです。もっと心のケアが必要だと思います。「心のケア」というと、心を病んでしまった人、弱ってしまった人へのケアだと思われがちですが、そうでなくて日頃から体のケアをするのと同じように、健康を維持するためのケアが必要です。

身体が、食べたものでできているように、心は、触れた言葉でできています。悪い食べ物を食べれば身体が壊れるのと同じように、悪い言葉に触れれば心が壊れます。それなのに、食品の安全に気をつかう人に比べて、言葉の安全に気をつかう人はとても少ないんです。

「悪い言葉」を浴びない

人の心はおうむ返しが得意です。愛されれば愛し、憎まれれば憎み、褒められれば褒め、けなされればけなします。だからよい言葉を浴びれば、よいことばが出てくるんです。悪いことばのシャワーを周りから浴びながら「自分だけは悪い言葉を発しないようにしよう」というのは不可能なことではないですし、それができる人を僕は尊敬しますが、それは非常に難しいことです。少なくとも僕にはできないので、なるべく悪い言葉を浴びないように心がけています。

必ずしもいつも悪い冗談がいけないものだとは言いません。「はいあなた！今悪い言葉を使いましたね！　アウトー！」なんて言いません。でもそれは脂と塩分が「これでもか！」とたっぷり入っているラーメンみたいなものです。そういうものは時々食べればおいしいですが、毎日食べれば身体を壊します。

同じようにそういう言葉も毎日使っていれば心に影響も出てきます。

悪い言葉がテレビから流れてきたらチャンネルを変える。悪い言葉がネットに出てきたら「戻る」ボタンをクリックする。悪い会話が始まったら早めにその輪から抜ける。そうやって悪い言葉を避けて、代わりによい言葉に触れる。僕にとってそれは聖書ですし、それが何よりだと思ってはいますが、人によっては詩集とか童話とかそれぞれの「よい言葉」でもいいと思います。そういう習慣を身につければ、自ずと心は穏やかになって、自分が悪い言葉を発してしまうことも減っていくはずです。それと同時に、心も軽やかになって生きやすくなるはずです。自分も、周りも。

胃の悪い時には
優しい食べものを

あなたがたのことばが、いつも親切で、
塩味の効いたものであるようにしなさい。

（コロサイ人への手紙　4章6節）

この聖句の「親切で」というのは別の訳では「やさしいことば」と訳されています。「塩味」というのも「最低限のシンプルな味付け」といったニュアンスです。

いくら栄養のある食べものでも、胃の悪い時に無理に食べれば吐き出してしまうし、胃はきっともっと悪くなってしまうでしょう。弱っている人とか、弱っている自分に、「がんばれ！」とか「死ぬ気でいけ！」とか、あんまり激しい言葉で叱咤激励《しったげきれい》するのは、胃の悪い人にニンニクたっぷりの料理を出すようなものかもしれません。胃の弱っている人には優しい食べものが必要です。

そういう「ニンニクのような叱咤激励」も受け取る側がある程度元気であれば、効果的でもあります。しかし、受け取る側にそれを消化するのに十分な元気がなければ、吐き出さざるを得ないし、かえってさらに元気を失ってしまいます。

今の日本にはたとえるなら弱った胃を抱えながら、「ニンニクを食べて元気を出さなきゃ！」と無理をしている人が少なくありません。弱っているのに、自分で「がんばれ」「変わろう」「前向きに」「ポジティブポジティブ！」とニンニク料理ばかり無理やり食べて、それを吐き出してしまったり、前より弱ってしまったり。それでしまいには何も食べたくなくなってしまう。言葉の拒食症状態になってしまう。こうなるといわゆる「うつ」だとか、そういう状態です。

拒食症の人が回復する過程で「甘いものしか食べられない」といった状態になることがあります。「甘いものしか食べないなんて、甘えているだけだ。甘いものが食べられるなら、ちゃんとした食事をした方がいい！」と、そんな時に無理に「ちゃんとした」食事をさせてはいけません。言葉の拒食症の場合も同じです。その回復の過程では優しい言葉しか受け入れられない時期もあったりします。

まずは甘いものでもお粥でも、食べられるものを食べる。そうやって少しずつ体力を戻していって、ある程度元気になったらニンニクを食べる。その時のニンニクはきっとその人にすごく元気をくれるでしょう。

「できることだけ」をする

今、元気のでない方、いますか。
「自分はこれしかできない。あれもこれもできない」と悩んでいる方、いますか。

いいんです。今できるそれをしてください。それだけをすれば、いいんです。周りの人は「甘いものばかり食べて」とか「自分の好むことだけはできるのね」とか口うるさく言うかもしれません。もしかしたらたくさんの「ニンニク料理」をあなたに出してくれているかもしれません。でもそれを無理に食べようとしなくていいんです。「ありがとう。もう少し元気がでたら食べるね」と言ってしまいましょう。甘いものだけを食べる方が、何も食べないよりもずーっといいですし、自分の好むことだけをする方が、何もしないよりはずーっといいんですから。

自分の好むことさえもできないという方。甘いものさえも食べられないという方。いいんです。今は何も食べなくていいんです。水を飲むだけで精一杯なら、水を精一杯に飲んでください。あなたが水を飲むだけで、他に何もしなくても、それを喜ぶ人が必ずいます。今は水だけでも、明日は重湯が飲めるかもしれません。そうしたらそれを喜ぶ人が必ずいます。ですから「ニンニクを食べられない」ことを嘆くよりも「水が飲める」ことを喜んだ方がいいです。

「行動」なんて
後回しでよいんです！

木の良し悪しはその実によって分かります。

（マタイの福音書　12章33節）

ここでの「実」というのは、人の行いのことを指しています。「木」はその人自身や、その人の信仰のことを示しています。つまり信仰があるなら、それは行いによって実るはずである、と聖書に書かれているわけです。行いの伴わない信仰は、まだ成熟した信仰ではない、と。

これ、聖書の世界に限ったことではありませんよね。「言葉よりも行動で示せ」なんてのは、世の中でもよく言われることですし、マザーテレサにせよ、ルターにせよ、アウグスティヌスにせよ、そもそもイエス様にせよ、行いがあったからこそ、偉人や聖人として尊敬を集めているわけで、行動をしなければ無名の人で終わったことでしょう。

「よし！　ならば行動を起こさなくては!!」

……と、ちょっと待ってくださいませ。僕ははじめに「行動」は「実」であると書きました。「実」とはどういうものですか。実は自分で実るものですか。違います。実を実らせるのは木ですが、木は何かをしていますか。していません。木は「ただそこに生きている」のです。

何か行動をしなければ！　と焦っている人、いませんか。行動を起こさなきゃと思いつつ、起こせない自分を責めている人はいませんか。まず、行動のことは頭からも心からも外してください。そして集中してください。「そこに生きている」ことに。何もしなくていいです。ただ、そこに生きていることに集中してください。それでいいんです。木はそのように生きています。

木はただ「そこに生きて」いれば、時に応じて雨を浴び、日が注がれ、季節が満ちれば実を結びます。これを人に置き換えれば、「行動」は「実」なのですから、今はそこにただ生きて、時が来て雨が降り、日が注ぎ、季節が満ちるのを待てばいいのです。人はそこに生きてさえいれば、あとは自ずと精神と身体が自然と「実」たる行いを行うのです。

「動けないとき」もある

現代社会は勘違いしています。まず「Do」がなければならないと。「Do」の結果として「Be」があると。しかし違うんです。神様が人に求めているのはまず「Be」です。その「Be」の結果として自ずと「Do」が生じるのです。「動け動け」「まず行動！」「アクティブ！　ポジティブ！」と、世の中は人を焦らせる言葉に満ちています。しかし、神様はそうは言いません。「ただそこで生きよ」とそう言うだけです。桃栗三年柿八年、時間はかかるかもしれません。いいじゃないですか。自分の結ぶ実を楽しみに、それを待ってみるのも一つの生き方だと思います。

木が十分じゃないのに実だけ無理やり結んでしまったら、木は枯れます。そもそも、その実だってきっと小さくて甘くないです。木が十分に育ってからこそ、十分な大きさの甘い実を、何年も何十年も結ぶことができるんです。

人間には思うように動けない時期もあります。そんな時に、自分を責めないことが大切です。うちの事務所の植木も、夏には暑さで葉っぱがシナ〜〜っとしてうなだれますし、冬には葉っぱを落として静かにしています。でもちゃんと季節がくれば花が咲きますよ。彼らはただそこに生きているだけです。何もできない日があってもいいじゃないですか。そんな日もあなたは確かに生きているんですし、一日生きれば一日だけ、実を結ぶ日に近づくんです。僕は、気休めを言っているわけではありません。本当に、そうなんです。

でももちろん、「今、行動力に満ちあふれているんだ、僕は！」という方は、今こそがその与えられた季節なのですから、思いっきり実を結んじゃってくださいね。

悪口は、必ず投げた相手に返ってきます

あなたは隣人と争っても、
ほかの人の秘密を漏らしてはならない。
そうでないと、聞く者があなたを侮辱し、
あなたの悪いうわさは取り返しがつかなくなる。

（箴言　25章9～10節）

「誹謗中傷」という言葉がすっかり世の中に定着しました。なんか難しい名前で言われていますけど、簡単に言えば「悪口」ですよね。インターネットの掲示板やSNSで大量に生産され、拡散される悪口の数々。「そんなの気にしなければいいじゃん」なんて、当事者でない人は言うかもしれませんが、それを受ける当事者の傷の痛さ、深さは想像を絶するものがあります。悪口というのは時に相手の心をどん底まで叩き落とし、最悪の場合は死にまで至らせます。

中国や日本の戦乱の世には、敵国を弱体化させる計略として「流言飛語」というのがありました。中国や日本に限らず、世界のどこでも同じような計略は行われていたと思いますが、これは簡単に言えば「相手にとって都合の悪い情報を広げることで相手陣営の力を削ぐ」というものです。その情報は本当でも嘘でも構わなかったようです。情報が本当なら一種の「告発」とも言えますが、嘘であればつまりこれは国家規模の悪口です。このように、悪口というのは時に国の存亡を揺らがせるほどに強力な武器になるんです。

よし、そんなに強い武器ならば、どんどん使って敵やライバルを蹴落としてやろう！　なんて思う方は、この本を読んでくださる方々にはいないと思いますが、世の中にはいます。「これも社会で生き残るための戦略だ」なんて言いながら、意図的に悪口を言う人も残念ながら世の中にはいます。「悪口を言うことで気持ちがスッキリするんだから言わせろ！　芸能人や政治家ならそれを受け止めるのも仕事のうちだ！」なんて方もいます。

しかし聖書には、たとえ誰かと争うことがあっても、「相手に悪いうわさを立ててやろう」なんてことをしてはいけないよ、と書いてあります。そんなことをすれば、やがて自分の方に悪いうわさが立って、自分の身を滅ぼすことになるよ、と。人の悪口を言えば、評判が落ちるのはその人ではなく、あなた自身ですよ、と。

悪口には「付き合わない」

悪口というのは大昔ならいわゆる「口コミ」だけで広がるものでしたでしょうが、現代ではインターネットを介して、その頃よりもはるかに多く、迅速に、広くしかも気軽に拡大していきます。この「気軽に」というのが恐ろしいものです。大した覚悟もなく、ちょっとした遊び感覚で、悪口を拡散してしまえる時代に僕たちは生きています。しかし、聖書に従うならば、「気軽に」発した悪口であっても、確実にあなたの評判を落とし、やがて取り返しのつかないことになりますよ、ということになります。つまり現代は「気軽に」取り返しのつかないことをできてしまう世の中だということでもあるんです。

反対に言えば、もし誰かに悪口を言われたとしたら、その時は「あぁ、この人は取り返しのつかない結果を自分で招いているんだな」と思えばいいんです。悪口を気にするなとは言いません。それは嫌でも気になってしまうものですし、どうしたって心は傷つくものです。でもその時に「じゃあお返しにこっちも悪口を言ってやる！」なんてやってしまったら、それはお互いに「取り返しのつかない結果」に陥ることになります。「悪口を気にしてしまう、それでダメージを受けてしまう自分は弱いんじゃないか」なんて思わなくていいです。大切なのは「気にしないこと」「傷つかないこと」じゃなくて「付き合わないこと」です。そうすればきっと「75日」後に窮地に陥るのは相手の方です。

「意見の違う人」とごはんを一緒に食べてみる

しかし、あなたがたは自分の敵を愛しなさい。彼らに良くしてやり、返してもらうことを考えずに貸しなさい。そうすれば、あなたがたの受ける報いは多く、あなたがたは、いと高き方の子どもになります。いと高き方は、恩知らずな者にも悪人にもあわれみ深いからです。

（ルカの福音書　6章35節）

「自分の敵を愛しなさい」ということばは、クリスチャンではない人でも「キリスト教の教え」として知っている方が多いのではないでしょうか。別の箇所では「自分を迫害する者のために祈りなさい」とも書いてあります。

これを「敵というのは自分を高めてくれる存在でもあるから尊重すべきなのだ」という意味に解釈する方もいます。それも確かに間違いではないですが、聖書が意図しているのはそこではないように思います。

自分の味方を愛し、自分の敵を憎むことは簡単です。それならそれこそ、その「敵」だって同じことをしているはずです。つまり、そうしている限りは、自分もその「敵」と同じだということです。「自分はあいつとは違うのだ」と思うなら、相手と違うことをしなければいけません。そこで「敵を愛する」ということに意味が出てくるんです。これは「右の頬を打たれたら左の頬も出しなさい」というあの有名なことばにも通じてくるものです。「打たれたら打ち返す」とか「打たれたら防ぐ」なら、「敵」だって同じことをするでしょう。あなたは「敵」とは違うのだから、「敵」とは違う行動をしなさい、それが「いと高き方の子どもになる」つまり、「敵」よりも高い次元に自分を置くということです。

もっと言えば、「味方」とか「敵」とか、そういう尺度で人を見るのはやめなさい、ということかもしれません。人はともすればつい、他の人を「味方」か「敵」かの二つにわけて考えてしまいます。今の社会は「分断社会」であるなんて言われていますが、これはこの典型です。自分の「味方」は徹底的に擁護し、「敵」は徹底的に排除する、そんな姿勢が世の中の分断を招いています。

「敵」に好意を示してみる

そもそも「敵」とは何でしょうか。自分と意見の違う人？　自分を攻撃してくる人？　さまざまな定義があると思いますが、その定義をずんずんと突き詰めていって「どうして彼らはそんなことをするのか」とか考えていきますと、彼らも自分と同じ人間でしかないとわかります。多くの場合は何か一部、決定的に相容れない部分があるだけで、他の面では実は共通点が多かったりします。

とは言え、僕にも「敵」を心から愛することは難しいです。でもせめて、「あ、この人とは意見が違うな」と思った時には、ときどきあえてその人をお酒や食事やお茶や遊びに誘ってみたりします。仲良しと食事をすることは誰でもやることです。あえて仲良しでない人と食事をしてみると、それまでの自分にはなかった新しい視点をもらえたりしますし、ちょっとした誤解が解けただけですっかり仲良しになってしまうこともあります。

「あなたの敵を愛しなさい」というのは、とても難しくて僕には無理です。でも「あなたの敵とごはんを食べてみなさい」なら少しはできるかも、と思ってやってみているんです。人によってこれは必ずしも「ごはんを食べる」じゃなくていいと思います。たとえば「年賀状を出してみる」とか、「缶コーヒーを買ってあげてみる」とかでもいいと思います。できることから一つでも少しでも、「敵」に「好意」を示してみることが大切なのかなーと思わされています。

正直に生きて、
バカをみよう

正しい人には苦しみが多い。しかし主は
そのすべてから救い出してくださる。

（詩篇　34篇19節）

「正直者はバカをみる」とか「まじめに生きちゃバカをみる」なんて世の中じゃよく言われます。そして「正直な人、まじめな人が報われるような社会を！」という要望もよく聞かれますし、「正直者がバカをみる社会はおかしい！」という怒りの声も多々上がっています。

皆様の中にもご自分の正直さゆえに、苦しみを得てしまっている方もいらっしゃるかと思います。現在進行中ではなくても、過去に正直さゆえに辛い思いをしたことのある方は、もうほとんど全員とさえ言えるかと思います。

聖書には「正しい人には苦しみが多い」と、まさに「正直者はバカをみる」と同じような意味なことが書かれています。同じような意味というか、そこからさらに踏み込んで、正直な人の苦しみに寄り添っているように読めます。確かに正直者には苦しみが多いかもしれません。しかし神様は、その正直さやまじめさに必ず報いてくださいますし、それ以前にその苦しみを知って寄り添ってくれます。

ここで、「救い出してくださる」の主語は「主」つまり神様です。神様が救い出してくださるのであって、他の誰でもありません。つまり、人間の世は人の正直さやまじめさに報いきれないということです。どんなに優しい人でも、どんなに金持ちでも、権力のある政治家であっても、人間の正しさ、正直さに完全に報いることはできないということです。

ちょっと絶望的にも思えるかもしれませんが、実はそこにこそ光がありま す。だって、金持ちや権力者が、それに報いることができるなら、僕たちは金持ちや権力者のために正直である、ということになってしまいます。金持ちや権力者の気に入るような正直者でなければならなくなります。神様だけがそれに報いることができる、ということは、正直であるということについて、他の誰にも影響される必要はないということです。僕たちは他の何からも縛られることなく、正直でいられるんです。

安心して「バカ」をみてみよう

この世には「うまいやり方」とか「抜け道」とかがたくさんあります。それを使えば少なくとも表面上は今よりももっと快適な暮らしができるかもしれません。でもそれは長い目で見れば、もっと大きく生死の境さえ超えるタイムスパンで見れば、けっして快適な生き方ではないのかもしれません。

僕は行政書士をやっていますから、お客様から「法の抜け穴とかうまいやり方とかあるんでしょ？　教えてよ」と言われたりすることもあります。行政書士の仕事はクライアントの利益が第一ですけれど、もしそこで本当に「うまいやり方」を知っていたとしても、それをお知らせすることが本当にクライアントの利益になるのか、きちんと考えないといけないなと、思わされます。その場しのぎの「うまいやり方」が、数ヶ月先や数年先に大きな不利益を生むこともあります。法律や行政の世界でさえそうなんですから、まして神様の世界ではもっとそうなんです。

さらに言えば、法には抜け穴があります。しかし本当の正直さに抜け穴はありません。法はある程度多くの正直者に報いることはできますが、すべての正直者に報いることはできません。しかし神様はすべての正直者に報いることができます。

とか言いつつ、そもそも僕は正直者ではありません。まじめでもありません。正直にいうと、正直であることを恐れてしまうことがあります。だって「バカを見」てしまうから。正直であることは思う以上に難しいことです。でもだからこそ神様は「安心してバカをみてみろ」と背中を押してくれているのだと思います。

人間はどうしても ミスを犯します

つまずきが起こるのは避けられませんが、
つまずきをもたらす者はわざわいです。

（ルカの福音書　17章1節）

「つまずき」というのはクリスチャンにとっては慣れ親しんだ言葉ですが、クリスチャンでない方にはピンとこない言葉だと思います。これは簡単に言えば「信仰生活や教会が嫌になってしまうこと」です。「牧師につまずく」と言えば「牧師が原因で信仰生活が嫌になってしまった」ということですし、「人間関係につまずいた」と言えば「教会の人間関係のせいで教会が嫌になってしまった」ということです。

ですからこれは、本来は起こらないことが望ましいことなのですが、イエス様は明らかにここで「それが起こることは仕方ない」と言っています。人間は不完全なものなので、どうしても時には嫌になってしまうことがある、それは仕方ないということです。しかしその後で「つまずきをもたらす者はわざわいです」と言っています。と、いうことはつまずきの原因になった、前の例で言えば牧師さんや教会の皆さんがわざわいであるということでしょうか。

イエス様はおそらくそうではなく、「わざと、意図的に、人をつまずかせる人」をわざわいと言っているように思います。もう少し拡大すれば「自分がつまずきになるとわかっていて、その言動を改めない人」も含んでいるかもしれません。

たとえばこの「つまずき」を「ミス」と置き換えてみると、少しわかりやすくなるように思います。「ミスが起こるのは仕方ない。しかし、ミスが起こるように意図的に仕向けたり、ミスの明らかな原因を放置したりすることはよくない」と。

日本人って何かのシステムを設計する時に「ミスが起こらないように」と考えます。しかしアメリカでは「ミスが起こるのは仕方ない」という前提で、「ミスが起こった時にどうするか」を考えてシステムを組みます。もちろんその上で、明らかにミスの源泉となるような点については徹底的に対処するのですが。この前提にはキリスト教の「人間は誰も完璧ではない」という思想が根底にあるんです。

ミスした時に、どうするか

「起こらないようにする」と「起こった時にどうするか」、どっちが優れているわけでも劣っているわけでもありません。これはどっちも不可欠な「車の両輪」です。しかしイエス様が「つまずき」に関して「起こることは避けられない」と言っていることは、注目に値すると思います。「明確な原因がなくても起こるものは起こる。でもだからといってその明確な原因を放置するのはよくない」、この考え方が今の日本に補充されたら、もう少し生きやすい世の中になるのかなと思います。現代日本は「起こった時にどうするか」よりも「起こらないようにする」ことに重心が偏っているように見えます。

「ミス」からもう少し「つまずき」に近い話に戻しますと、たとえば「心が傷つく」ことも挙げられるかと思います。「心が傷つくのは避けられない。でも意図的に傷つける人や、傷つく要因を放置することはよくない」と。心が傷つくのは誰でも嫌なものですが、しかし「傷つかないように」と過剰にそれを防いでしまっては、何をするにも恐ろしくなってしまいます。ですから傷つかないことよりも、傷ついた時にどうするかを考える方が、より楽しく生きられるように思います。人間はどうしても傷つく存在なんです。

原稿を書きながら眠くなるのは仕方ない。しかし眠くなる明確な原因である寝不足の放置はいけない。と、いうわけで今日は早めにベッドに入ることにします。それに、眠くなったらなったで、濃いめのおいしいコーヒーを楽しもうかと思います。

人を赦さない人は、自分も赦されません

あなたがたが量るその秤で、あなたがたも量り返してもらえるからです。

（ルカの福音書　6章38節）

これは有名な「赦しなさい。そうすればあなたがたも赦されます」や「与えなさい。そうすれば与えられます」といったフレーズのあとにくる、いわば「まとめフレーズ」です。簡単に言えば「あなたが人を評価した基準で、あなたも評価されますよ」ということです。

もしあなたが人のよい面を探して、そこを褒めるようにするならば、きっと周りの人もあなたのよい面を探してそこを褒めてくれるようになります。反対にあなたが人の悪い面ばかりをみて、そこを責めてばかりいるならば、きっと周りの人もあなたの悪い面ばかりをみてそこを責めるようになります。ですから、「褒められたいなら褒めなさい」とか「認められたいなら認めなさい」とか「責められたくないなら責めるのをやめなさい」ということです、これは。

政治の世界なんかを見ていますと、与党にせよ野党にせよ、人の批判ばかりをしている人は結局、自分も大きな批判にあったりしています。もちろん批判自体は悪いことではありませんが、批判ばかりではよくありません。「よいことはよい、悪いことは悪い」という姿勢でいれば、周りの人も「よいことはよい、悪いことは悪い」と評価してくれるはずですのに、政治的に敵対しているからという理由で認めるべきところも認めることをせずに、批判だけを口にするようになってしまうゆえに、もったいないことになってしまっているように見えます。

人を赦さない人は、自分も赦されません。たとえば「遅刻は絶対に赦さない！」と遅刻をいつも責める人が、自分で遅刻をしたら立場がないですよね。反対に、人の遅刻に寛容な人は自分の遅刻も赦されます。いやいや、遅刻はもちろんしちゃダメなんですけどね。でも人間にはどうしてもミスが生じます。遅刻だって気をつけていてもミスとして起こり得ることです。自分がミスをしたときにどれだけの責めを負うかは、普段から自分がどれだけ人を赦しているかにかかっているんです。

好意は積極的に表現しましょう

ミスを憎んで人を憎まず。「遅刻はダメだよ」と、遅刻自体をダメだと指摘するのは必要なことですが、「遅刻するあなたはダメだ」と、その人の人格まで否定してはいけません。そうすると、万一自分が遅刻してしまった時には自分も「遅刻したあなたはダメだ」と周りの人から否定されることになります。

反対に、自分が何かを成し遂げた時にどれだけ認めてもらえるかは、普段から自分がどれだけ人を認めているかにかかっています。そしてその時は「これをやったあなたは素晴らしい」と人格ごと認めるのが良いと思います。今の世の中、責める時は人格ごと、褒める時は功績だけというパターンが多いように見えますが、ひっくり返していきましょう！

大切なのは、「赦しなさい」「与えなさい」と、まず先に自分から態度を変えることを聖書は求めているというところです。「赦されたら赦しなさい」とか

「与えられたら与えなさい」ではないんです。「年賀状をもらったから返事を書かなきゃ」とか「お中元をもらったからお返ししなきゃ」とか、後手に回るのではなく、「年賀状は自分から書く」「お中元は自分から贈る」という姿勢でいなさい、ということです。いえ別に年賀状やお中元を贈りましょう、と言っているわけではありません。人に対する好意は自分から積極的に表現しましょうということです。好意を示すのに早すぎるということはありません。ガンガン先手を取っていっちゃいましょう。

column

世界で初めての子育て

「ご存じの方が多いと思いますが、聖書で「最初の人間」とされるのはアダムとイブです。二人はカイン、アベル、セツ……と子どもを生み育てるのですが、これってつまり彼らは「世界で初めて子育てをしたカップル」ということになるわけです。これって、想像してみると相当に大変だったろうなと思います。だって、保育園もありませんし、いざという時に頼れる実家もありません。悩みを共有したり相談したりできるママ友も、先輩ママもいません。子育て情報誌もなければ、粉ミルクも離乳食もありません。子どもが熱を出した時に駆け込む小児科だってもちろんありません。

しかも、アダムもイブも自分が「親に育てられた経験」がありません。この経験って人間にとって大切なものです。彼らが知っているのは「神の愛」だけで、「親の愛」は知らないんです。しかもその神との関係でさえ、あの禁断の実によって不完全なものになってしまいました。よく「人は愛されたようにしか愛せない」と言われますが、そんなわけでアダムもイブも「不完全な愛」しか持たない、「不完全な親」だったのではないかと思います。

僕は親になったことはないのですけれど、よく「自分が完璧な親ではない」ことに悩む方の話は聞きます。でも、アダムとイブだって完璧な親ではなかったんです。もし二人が完璧な親だったら、カインとアベルはあんなに壮絶な兄弟喧嘩をするようには育たなかったはずです。たぶんアダムもイブも、現代と同じように、いや、現代以上にドタバタして、たくさん失敗を重ねて七転八倒しつつ、カインやアベルやセツを育てたのだと思います。

子育てに限らず、他のどんなことだって、アダムとイブはそれを初めてやった人です。初めて大地を耕したのも、初めて狩りをしたのも、初めて水汲みをしたのも、この二人です。初めてお腹が空いたのも、初めて夫婦喧嘩をしたのも、初めて仲直りしたのも、この二人です。何をするにも、試行錯誤と悪戦苦闘の繰り返しだったんじゃないかと思います。

そう考えると、僕はなんだか少しホッとするんです。僕には上手にできないことがたくさんあります。時にはそれで落ち込んだりしますが、そんなとき「アダムとイブはもっと大変だったろうなー」とか想像したりすると、「人間は不完全！　できることもできないこともある！」と悪く言えば開き直れる、よく言えば前向きになれるんです。

第4章

ふっと心が
ラクになることば

人のつくるものは
変わっても、
人自体は変わりません。

「これを見よ。これは新しい」と言われる
ものがあっても、
それは、私たちよりはるか前の時代に
すでにあったものだ。

（伝道者の書　1章10節）

「空の空。すべては空」と、まるで仏教の偉い人のようなことばから始まる伝道者の書。実際に、仲良しのお坊さん何人かにこの書をちょっと見せてみましたら「なんですかこれ！　面白そう！」と皆さん口を揃えていました。中には「お坊さんを何人か集めてこの書の勉強会をしたい！」という方までいらっしゃいました。

この書を書いたのはソロモンという王様で、聖書界の「頭のいい人ナンバーワン」と言える人です。なにせ彼は神様から「なんでも欲しいものをあげるよ」と言われた時に「お金！」とか「力！」とか「美女！」とか言わずに「知恵が欲しいです」と言った人です。その答え自体がすでに賢いですし、神様もその答えを気に入って「よっしゃ、それならいくらでもあげちゃう！」と彼に無尽蔵の知恵を与えたので、もうその頭のよさは他の追随をまったくゆるさないほどになりました。

そんな彼が表題のことばを言うのです。「世の中は変わったように見えても、よく見れば今も昔も変わらない」と。

人間はついつい、「今の我々は過去の人たちより優れている！　だから自分も進歩しなきゃいけない！」と思いがちです。確かに、人間が生み出すものは時代によって変わりました。技術は進歩し、様々な便利ツールが世に溢れるようになりました。しかし、それを使う人間そのものは実は変わっていません。伝達ツールが手紙であろうともメールであろうとも、そこに乗せる人の思いは変わりません。

「現代は人権意識が進んでいるじゃないか！　過去は人権なんてなかった悪い時代だ！」と反論する方もいらっしゃるかもしれません。しかし思想もやはり「人間が生み出すもの」であって、人間そのものではありません。いくら人権意識が進んでも、それを運用する人間自身は変わりません。「進化」しているのはツールだけであって、人間自身ではありません。

そして、技術も思想も、それが普及していけば、その過程で必ずそれを悪用する人が出てきます。これは今も昔も変わらないことです。キリスト教が登場した2000年前以来、これらを悪用した人は数えきれないほどいますし、現代の世の中を見てみれば「人権」を悪用する「人権屋」がわらわらと湧いています。

人間の本質は変わらない

悪いこともよいことも、愛することも憎むことも、食べることも眠ることも、人間の本質は今も昔も変わりません。「スマホの普及で世の中が変わった」とは言いますが、しかし、スマホ登場の前と後で、産まれる赤ちゃんの産声も、外で遊ぶ子どものはしゃぎ声も、変わっていません。人間自体は聖書の時代から、いいえ、アダムとイブの時代から本質は変わっていないんです。

聖書が2000年も変わらず読み続けられているのは、それが「人間がつくり出すもの」に影響されず、「人間そのもの」について記された本であるからなんじゃないかと思います。変わらないものについて書いてあるからこそ、変わらなくても人間に力を与え続けられるんです。

時代に合わせて自分も進歩しなきゃ！　というプレッシャーに毎日さらされて辛くなっている方、いませんか？　いいんです、人間は神様につくられたままの存在で。むしろ世の中の産物によってあなた自身が変わってしまうことの方が神様の嘆かれることです。時代も進歩も関係なく、「あなた自身」を神様は愛しているんです。

焦らなくて大丈夫。タイミングを決めるのは神様です

神のなさることは、すべて時にかなって美しい。

（伝道者の書　3章11節）

「友達とか同期とかに比べて、自分はなんだか遅れをとっている気がする」なんてことは、ほとんど誰にでもあることだと思います。あの人は自分と同い年なのに、あんなに立派なことをして、それに引き換え自分は何もできていない……そんな風に自分を追い詰めてしまう夜、ありますよね。漠然とした焦りが漠然とした不安に変わり、それが次第に重圧感に変わり……このままじゃダメだ、今すぐ何かを始めなくては!!

なんて、そんな気持ちになってしまったら、もはや眠れるはずもありません。

でも、そんなに焦らなくてもいいんですよ。聖書には、「あらゆることのタイミングはみんな神様が決めるのだから、そしてそのタイミングでこそ、最も美しく輝くのだから、焦らずにいなさい」と書いてあるんです。

人間ってどうしても「自分が何をするか」「それをいつやるのか」を自分で

決めたくなってしまう存在です。ビジネスセミナーや自己啓発本を読めば「具体的な行動を、具体的な期日を決めて実行しなさい」なんて言葉がしょっちゅう出てきます。たしかにそれは大切なことです。そのやり方は仕事の前進を大きく助けてくれると思います。

実際、いま僕だって「何を書くか」「いつまでに書くか」と、事前に立てたスケジュールに従って、この原稿を書いています。そのスケジュールがあるから「今日はここまで書いたから大丈夫。安心して寝よう」と寝ることができます。これがなかったら「なんとなく締切に追われている」という漠然とした重圧感に襲われて、よく眠れないかもしれません。

でも、です。人間にはあらゆることを具体的なスケジュールに従って実行することはできません。例えば一番極端な話、「自分がいつ、どのように死ぬか」ということを自分でスケジュールできる人はまずいません。まして「自分がいつ、どのように生まれるか」をスケジュールして生まれてきた人はいません。

「いつ、誰と結婚するか」「いつ、どんな就職をするか」とかだって、ある程度のスケジュールは立てられるかもしれませんが、往々にしてそのスケジュールは乱れて、「思いもよらぬ時に、思いもよらぬ形で」それが実現したりします。こんなふうに考えると、自分が思い通りにスケジュールを立てられる事柄って、実は意外と少ないんです。しかもそれが人生にとって重要な事柄であればあるほど、それは難しいんです。

出番の時は、いつか来る

仕事だって「与えられた仕事をどう実行するか」については、さっきも言いましたように、僕も今まさにスケジュール上でやっていますが、「どんな仕事を、いつ与えられるか」についてては僕のスケジュール能力の範囲を超えてしまっています。以前はそれについてもあれこれ悩んで眠れなくなったりもしていたのですが、「あぁ、これは僕がいくら考えてもわからないことだから考えても仕方ない」と思えてからはよく眠れるようになりました。

「人が、その人生のいつ輝くのか」、それは自分ではわかりません。聖書にも若いうちに輝いた人もいれば、モーセやアブラハムのように老齢になってから輝いた人もいます。それは神様の決めることですから、自分で悩まなくていいんです。ただ「自分にもいつか出番の時が来る。そしてそれは美しい」。このことだけ覚えておけばいいんです。その時には神様が「ほら、出番だよ！」と、嫌でも引っ張り出してくれますから。その時に「寝不足で力が出ない……」なんてならないように、今のうちにゆっくり寝ておいてください。

優しくあることは、想像以上に難しいんです

人からしてもらいたいと望むとおりに、
人にしなさい。

（ルカの福音書　6章31節）

「自分がしてもらって嬉しいことを、人にもしてあげなさい」というのは、聖書を知らない方にとっても耳馴染みのある教えなのではないでしょうか。これは人生において非常に大切な教えなので「黄金律（ゴールデン・ルール）」と呼ばれます。ちなみに「自分がされて嫌なことは、人にしてはいけない」というのは「白銀律（シルバー・ルール）」と呼ばれます。どちらも尊いのですが、「何かをしない」という消極的な優しさよりも「何かをする」という積極的な優しさの方がより尊いのだということなのでしょうね。たしかに「嫌なことをなにもしない人」よりも、「よいことをしてくれる人」の方が、「優しい人」だと思えます。しかしこれはどうしてなんでしょう。

たぶん「何かをしない」よりも「何かをする」の方が、実践するのが難しいからです。

ちょっと思い浮かべてみてください。「自分がされて嫌なこと」をリストにして、それを実際に自分にしてくる人もリストにしてみてください。意外とそれほど多くはないのではないでしょうか。さらに、そのことを自分がどれだけしてしまっているか、考えてみてください。それをしないことは、もちろん事によっては多少は難しいでしょうが、意外とそれほど難しくはないはずです。怒鳴られるのが嫌な人は自然とあまり怒鳴らないでしょうし、体を触られるのが嫌な人は、他の人の体にも自然とあまり触らないはずです。

では今度は「自分がされたら嬉しいこと」で、同じことをしてみてください。そもそも、先ほどの「されて嫌なことリスト」よりも、たくさんのことをリストアップできるのではないでしょうか。「お金をもらえたら嬉しい」「食事をご馳走してもらえたら嬉しい」「優しい言葉をかけてもらえたら嬉しい」「仕事を手伝ってもらえたら嬉しい」……と、改めてリストにしてみると、「されて嬉しい」リストって、ほとんど無限ではないかと思えるほどたくさんあります。でも、それをしてくれる人は、少ないでしょう。そして、自分がそれを他の人にできているかと考えると、意外と多くについて、できていないのではないでしょうか。

「お金をもらえたら嬉しい」では、自分は誰かにお金をあげているでしょうか。

「優しい言葉をかけてもらえたら嬉しい」では自分は誰かに優しい言葉をかけているでしょうか。


少なくとも僕の場合は、たくさんの「されて嬉しい」リストが出来上がったのですが、それを自分が人にできているかと考えたら、あまりにできていなくて愕然《がくぜん》としました。「あぁ、だからこっちが黄金で、聖書にも何度も書いてあるんだ」と実感しました。

「優しくない自分」を責めない

100万円をもらえたら嬉しいけど、100万円を人にあげるのは無理。金額はともあれ、多くの人はそんな状態だと思います。僕もそうです。でも、それならせめて１００円から始めてみるのもよいと思います。多くの人から愛されたいけど、自分が多くの人を愛するのは無理。それなら目の前の一人から始めてみればよいと思います。そうやって、「小さなことからコツコツと」やらなければならないゆえに、黄金律は難しいんです。

自分を「優しくない」と思っている方、「優しい」というのは、実は想像以上に難しいんです。できなくて当たり前、実際に多くの人はできません。人に優しくあることは、険しくて長い、大変な旅路なんです。「優しくない自分」を責めるより、一歩だけ進んでみればいいんです。

キリスト教の精神と「おかげさま」

自分の剣によって彼らは地を得たのではなく
自分の腕が彼らを救ったのでもありません。
ただあなたの右の手 あなたの御腕
あなたの御顔の光が そうしたのです。
あなたが彼らを愛されたからです。

（詩篇　44篇3節）

人間はどうしても、何かに勝ったり、物事がうまくいったりすると「自分の力で勝ち取った！　成功した！」と思いたがってしまうものですが、キリスト教では「自分の力で何かを成し遂げる」というのはあまりよいことだとはされません。世間一般的にはそれはよいことですけれど、キリスト教では違うんです。うまくいってもそれは自分の手柄ではなく、神様のおかげ。と、こういう風に考えるんです。

これって実は必ずしもキリスト教だけの考え方ではありません。だってここで使った「おかげ」という言葉、漢字で書いたら「お陰」、語源をたどると、「陰の力を貸してもらったから」というような意味で、「自分がたまたま成功したように見えるけれども、これは自分の力ではなく、見えないところで働いている人たちや神仏の力によるものであって、自分の力ではないのです」ということになります。もともとは仏教用語なんです、「おかげさま」って。

これをキリスト教では「主に栄光をお返しする」と表現したりします。一見、

「自分が成し遂げた！」と思えることでも、それを自分に成させてくれたのは神様なので、人々が自分にむけてくれる賞賛や栄誉を、「これは僕じゃなくてあなたのものです」と神様にお返しするんです。クリスチャンのミュージシャンはよく、コンサートの終わりの拍手を受けながら「すべての栄光を主にお返しします！」と言ったりします。これは「拍手を受けるべきは自分ではなく神様です！」という意味です。

このように考えると何が起こるのでしょう。気が楽になるんです。「自分が」成功しなくてはならない、「自分が」成し遂げなくてはならない、「自分が」勝たねばならない……と、栄光を自分が受けたままだと「自分、自分、自分……」と「自分」ばかりが強くなって、それで自分が追い詰められてしまったりします。時には「もう無理だ！」と諦めてしまったりもします。でも「成し遂げたのは神様」と思えば、「あれを成し遂げた神様は、これも成し遂げてくださるよ」と、「自分」に余計な重荷を背負わせなくてすみますし、「無理だ！」

と思っても、それは「自分には無理だ！」に過ぎませんから、諦めなくてもいいんです。

栄光を自分で受けるということは、そのための重圧も責任も自分で受けるということです。そして、人間は小さいですから、その全部を自分で受けるなんて無理なんです。そんなことをしたら、眠れなくなっちゃうんです。栄光を神様にお返しするというのは、そのための重圧も責任も、神様とシェアするということです。逆に言えば、重圧と責任をシェアしてもらっているのに、栄光だけ独り占めというのはダメですよ、ということにもなります。しかしあえてもう一度逆に言えば、栄光をシェアしているのに、責任だけ一人で抱えたらダメですよ、ということでもあります。

対象が神様じゃなくても、日本人には「栄光はみんなでシェア、でも責任は自分の責任」と自分を追い込んでいる方が多いように思えます。メリットをシェアするなら、リスクもシェアしていいんです。むしろしなくてはいけないんです。責任ばかりをあんまり一人で抱え込まないでくださいね。

「困った時の神頼み」は全力でやりましょう

それからエリシャは、「矢を取りなさい」と言ったので、イスラエルの王は取った。そしてエリシャは王に「それで地面を打ちなさい」と言った。すると彼は三回打ったがそれでやめた。神の人は彼に激怒して言った。「あなたは五回も六回も打つべきだった。そうすれば、あなたはアラムを討って、絶ち滅ぼすことになっただろう。しかし、今は三回だけアラムを討つことになる。」

（列王記第二　13章18～19節）

ここに出てくるのはヨアシュという王様で、普段は神様をないがしろにして、他の神様を拝んだりする人でした。神様はそんなヨアシュをみて「こいつ、よくない！」と思い、国を弱体化させ、彼を隣国アラムからの侵略に悩むようにしました。

しかし、そんなヨアシュも時々は神様に頼ることもあったようで、このシーンでは預言者（神様からのメッセージを預かる人）エリシャに泣きつきました。まさに「困った時の神頼み」をしたわけです。そしてエリシャの言いつけ通り、窓から地面に向けて矢を放ったのですが、3回やったところで「こんなもんでいいだろう」とやめてしまいました。これにエリシャは「どうして3回でやめちゃったの⁉　それじゃアラムに勝てるのは3回だけで、アラムの侵略が止まることはないよ！」と怒りました。

神様を信じていない人でも「困った時の神頼み」はしたりします。しかし、そういう人の神頼みは大抵どこかで「こんなもんでいいだろう」と真剣さに欠けています。神様に推奨されたことをちゃんと全部やらないことが多いんです。ヨアシュも矢を3回打つまではちゃんとやったのですが、そこで「こんなもんでいいだろう」とやめてしまいました。それでせっかく神様が与えてくれようとしていた恵みを完全に受け取ることができませんでした。

なんで地面に矢を打つ、なんていう非合理的なことを5回も6回もやらなきゃいけないのだ、3回やっただけだって、いや1回だって十分じゃないか、と、人間は思うかもしれません。しかし神様が人間に求めているのはいわば合理性よりも「素直さ」です。一見、非合理的に思えることでも「神様の言いつけならちゃんとやります」と愚直に従う心です。

ヨアシュはたまにしかしない「困った時の神頼み」にさえ、手を抜いたんです。むしろ「困った時の神頼み」だからこそ、手を抜いたのかもしれません。もちろん本来は「困った時」だけでなく、日頃から神様に頼るべきなのですが、たまにしか祈らないのなら、せめてその時だけでも全力を注ぐべきであったのに、ヨアシュはそれさえもしませんでした。「困った時の神頼み」こそ、普段神様とコミュニケーションが少ない分、全力でやらなきゃいけないのです。

それを全力でやるというのは、言い換えれば「とことん素直になってみる」ということです。「合理的な」ことには全力を注げるのに、素直になることには手を抜いてしまうのが人間です。でも、合理的なことは脳みそを煩《わずら》わせて人を眠れなくする一方で、素直になって脳みそがワシャワシャしてしまう人はいませんし、ましてそれで眠れなくなる人はいません。「困った時の神頼み」は「困った時は素直になれ」ということかもしれません。

とはいえ人間、「素直になる」のは難しいものです。でも神様の前で素直になることは、人の前で素直になることより簡単です。人の前で素直になるのは恥ずかしいですが、神様の前なら恥ずかしくないですから。ですから今、眠れないほど困っている方、「困った時の神頼み」をぜひ全力でやってみてください。

「えらい」のは大きな仕事をする人ではありません

最も小さなことに忠実な人は、大きなことにも忠実であり、
最も小さなことに不忠実な人は、大きなことにも不忠実です。

（ルカの福音書　16章10節）

人はどうしても、何かを成し遂げたり、仕事でよい成果をあげたりすると、それを他の人にアピールしたくなりますし、それをもって「自分はえらい！」とか、さらには「自分はあいつより上だ！」とか思ってしまいます。しかしイエス様は、何かを成し遂げた時に、自分を小さくできる人こそが一番えらいのだ、と言います。自分の功績を見せびらかすのではなく、まるで何事もなかったかのように振る舞う、そんな人が一番えらいのだと。別の角度で言えば、大きな仕事ではなく、小さな仕事に忠実な人こそえらいのだと。小さくて目立たない仕事を与えられた時に「こんな仕事は俺にはふさわしくない。どうしてこの俺がこんなことをやらなきゃいけないのだ！」とか思ってしまう人はまったくえらくないのだと。

これって、現代社会とは正反対ですよね。小さな仕事よりも大きな仕事をやれ！　仕事を成し遂げたらしっかり周りにアピールしろ！　……と、そんな競争に満ち溢れているのが現代社会です。「成果をあげたらちゃんとアピールしなきゃダメだよ」なんてアドバイスもたくさんあります。しかしイエス様は言うのです。そんな競争には乗るなと。人間にとって、目に見える「えらさ」なんかよりも、ただ「子どものように素直でいられるかどうか」のほうがよっぽど大切なのだと。

「えらく思われたい」という欲求

神様を本当に受け入れたのなら、自分が何を成し遂げたとしても、神様の御業の前に自分の成果なんてどれほど小さいかを実感するのみなので、そもそも「自分はえらい！」とか「えらく思われたい！」なんて気持ちは起きなくなると思うのです。

……とか言いつつ、僕はまだまだついつい心のどこかで「自分、えらい‼」と思ってしまうところがありますし、なんなら「こんな小さな仕事を目立たずやってる自分ってえらいなー！」とかさえ思ってしまったりすることもあるので、そのあたり、人間の罪の深さ、悪魔の手口の巧妙さを感じます。まだまだこれからも引き続き、イエス様の熱い指導を受けなければいけないんだと思います。

「えらくなりたい！」という欲求は誰にでもあるものだと思います。僕にだって正直、あります。「えらくなるにはどうしたらいいか」とか「自分はどうしてこんなにえらくないのだろう？」とか、悩んで眠れなくなってしまう時もあります。でも近頃はそんな時「それよりもまず素直になることだな、うん」と思えるようにもなりました。できることはできる、できないことはできないと認めること。そうすれば、自分にできることに集中できますし、それがどんなに小さなことでも、「こんな小さな仕事じゃだめだ」なんて思わなくなります。だって、うんと小さな子どもはどんな小さなお手伝いでも「こんな小さな仕事じゃ……」なんて思わずに全力でやるじゃないですか。そしてその小さなお手伝いに満足して、ぐっすり寝ます。そんな風になれたら、それは大人の考える「えらい」なんかよりも、よっぽど偉いと思うのです。

「的確なアドバイス」は時として逆効果も生みます

あなたの無駄話は、人を黙らせるだろうか。

（ヨブ記　11章3節）

ヨブ記は聖書の中でも解釈がかなり難しい部類に入る書です。正しく生きていたのに財産も家族も健康も、一夜にして奪われてしまったヨブは「神様、私はあなたに従って正しく生きたのにどうして⁉」と嘆きます。それに対して彼の3人の友人が「いや、君は正しくなかったからこんな目にあっているのだ。だから神様に謝るべきだ」というようなことを言います。

そんな友人たちの言葉の一部がこの箇所です。かたくなに「自分は正しかった」と主張するヨブに、ついにこの友人ツォハルは「君の主張は無駄話だ！」と暴言を吐いてしまいました。ツォハルも決してヨブを憎んでいるわけではありません。むしろヨブの友人としてヨブのために「的確なアドバイス」を与えようとしています。しかしツォハルはその「的確なアドバイス」のために、ヨブの心に寄り添うことを忘れてしまい、ついつい勢い余ってヨブを罵ることになってしまいました。

こんなことって、現実の生活でもよくありますよね。「的確なアドバイスをしなきゃ」という義務感は時として人同士のコミュニケーションの障害になります。そんなすれ違いが夫婦喧嘩を生むという話もよく聞きます。ただ自分の苦しみや悩みに寄り添って欲しかっただけなのに、「的確なアドバイス」をされて残念な気持ちになるというのは、「的確なアドバイス」をしようとした側からすれば理不尽にも思えますが、しかしそれも人間の心のあり方なのかと思います。

ヨブもこれ以上ない苦しみと悲しみの中にあって、友人に寄り添っていて欲しかったんです。しかし友人たちは「的確なアドバイス」をしようとしてしまいました。それがヨブの心を傷つけ、そしてかたくなにしてしまいました。

もちろん「的確なアドバイス」は大切なものですし、ありがたいもの、得がたいものです。それをくれる友人は、人生において最良の宝の一つとさえ言えるでしょう。しかし「的確なアドバイス」というのは意外とタイミングや使い方が難しいのだということは覚えておいた方がよいのだと思います。まして「せっかく俺が的確なアドバイスをしてやろうとしているのに！」と怒ったりしてしまっては、せっかくの友情も優しさも逆効果になってしまいます。

自分を正論で追い詰めない

そしてこの「的確なアドバイス」を自分にしてしまうことも、よくあることだと思います。自分の正論で自分を追い詰めてしまうような。これは他の誰かから「的確なアドバイス」をされるよりも、もしかしたらさらに眠れなくなってしまう要因かもしれません。

不安なこと、心配なことがあるときは、自分で自分に「的確なアドバイス」をする前に、まずは「不安な自分」「心配な自分」を受け止めてあげることが大切なこともあります。「あ、僕は今不安なんだな」「私は今、これが心配なんだな」と、自分で自分を認識してあげるだけで、気が楽になることもあります。

夜は自分を受け止めて、「的確なアドバイス」は朝にするようにした方が、色々と建設的な気がします。朝ならそのアドバイスをすぐに実行できますが、夜にアドバイスされてもすぐには実行できないことも多いですからね。

「愛」のハードルが高すぎる！

愛は寛容であり、愛は親切です。また人をねたみません。愛は自慢せず、高慢になりません。礼儀に反することをせず、自分の利益を求めず、苛立たず、人がした悪を心に留めず、不正を喜ばずに、真理を喜びます。

（コリント人への手紙第一　13章4～6節）

結婚式でよく使われるフレーズですが、どうなんでしょう、僕はこれは結婚式に必ずしもふさわしいフレーズだとは思いません。だってここで言っている「愛」って、いわゆる「二人の愛」ではありません。もっと大きな愛のことを言っています。もちろんその愛の中には「二人の愛」も含まれはするでしょうが。

それより何より、あまりにこの「愛」のハードルが高すぎて、「この愛を誓いますか?」と問われたら、「いや……僕には無理です!」と言いたくなってしまいそうです。だって、寛容で親切で、人を妬まず、自慢せず、高慢にならず、礼儀正しく、自分の利益を求めず、苛立たず、人の悪を気に留めず、不正を喜ばず、真理を喜ぶ、と、「これを全部満たさなかったら愛ではないのだ!」と言われてしまったら、「すみません、僕たち二人の愛は愛ではありませんでした」と、結婚式が中止になりかねません。これから家庭を築き上げていこう、という二人に、そんなにハードルあげるなよ! と言いたくなってしまいます。

結婚式に限らず、このフレーズを読んで「自分はちっともこれを満たせていない。自分は愛のない人間なんだ」と落ち込んでしまう人もいるのではないでしょうか。でも、落ち込む必要はありませんし、結婚する二人も「自分たちの愛はダメなんじゃ……」なんて思う必要はありません。と、いうのもここで示されているのは、人間がやがて神の力によって至る理想の愛のことです。アダムとイブが罪によって壊してしまう前にあった、理想の愛のことです。そこに至るのは人間の力だけでは不可能です。ですから、もしあなたがこの条件を満たしていなくても当たり前のことなんです。

むしろこれは反対に読めば、人間の偽らざる姿を描き出しているものです。つまり「寛容でなく、親切でなく、人を妬み、自慢し、高慢で、無礼で、自分の利益ばかりを求め、苛立ち、人の悪いところばかり気に留め、不正を喜んで真理をないがしろにする」ということです。「わぁ！　なんて嫌な奴！　こんな奴とは友達になれない！」って一瞬は思うかもしれませんが、よく胸に手を置いてみれば、これが包み隠さぬ人間の姿、自分の姿でもあるのではないでしょうか。

そして、自分だけでなく、他の人たちもみんなそうなんです。結婚式で目の前にいる、あなたのパートナーだってそうなんです。でも、それでさえ愛するのだ、一緒に生きるのだという意志。ここにこそ愛があるように思います。そして自分自身に関しても、もし一つでも、少しでも、この「理想の愛」の条件に近づけるなら、それが愛なんです。

そして何よりの愛は、神様が僕たち人間に対して、「いつか必ず、この理想の愛の境地に君たちを連れていくからね」と約束してくださっていることです。その境地では僕たちはもはや「自分が高慢だ」とか「不親切だ」とか自己嫌悪に陥ることも、「あいつは無礼だ」とか人を責めることもなくなるんです。

そこに連れていってくれるのは神様です。自分の努力で行けるものではありません。ですから「こんな人にならなくちゃ！」と焦ったり自分を追い込んだりしなくていいんです。「こんな人に私を変えてください」と祈ればいいんです。その祈りの瞬間から、僕たちは確実に「理想の愛」に近づいていくんです。そこに向かうベクトルこそが愛なんだと思います。

弱さを強さに変えるコツ

ですから私は、キリストの力が私をおおうために、むしろ大いに喜んで自分の弱さを誇りましょう。

（コリント人への手紙第二　12章9節）

僕は「MARO」というペンネームでこの本を書かせていただいておりますが、普段から「マロ」というニックネームで多くの方に呼ばれています。で、よく聞かれます。「マロさんってどうしてマロさんなの?」と。というわけで、ここで少しこのマロというニックネームの由来についてお話ししようかと思います。

実は僕は生まれつき脳性麻痺で脚が不自由です。今は生活にステッキが欠かせません。が、まだ若くて元気でステッキも要らなかった中学生の頃、どうしてもかっこいいな、と思って剣道を始めました。周りのクラスメイトからは「お前にできるわけない」とからかわれたりしました。僕の本名は「たけひこ」というのですが、その時にそれをもじって蔑称として呼ばれたのが「たけまろ」という弱そうな名前でした。その時は悔しくて悔しくて、とにかく人一倍の稽古をしました。今思えばその悔しさが一つの強力な原動力でした。

その後、たぶん人よりほんの少しだけ多い苦労をしつつ、高校三年生で三段までとりました。その時に思ったんです。「もはや僕をたけまろと揶揄《やゆ》する人はいないだろう。だったらこれからは自分で名乗ろう」と。弱さの象徴だった「たけまろ」は強さの象徴に変わりました。だから僕はこの呼び名を気に入って、今でも略してマロと呼んでもらっているのです。

実は冒頭の手紙を書いたパウロも僕と同じように生まれつきの何らかの障害で脚が悪かったのではないかと言われています。そのパウロはこうして、「弱さを受け入れる」ことを勧めています。なぜなら、弱さにこそ、神様の力が働くからです。弱いからこそ、神様の助けを受けられるんです。人間だって、自分で何でもできてしまう万能人だったら、周りの人は「助けなきゃ」とか「手伝わなきゃ」なんて思わないですよね。満杯のコップにはそれ以上水を注ぐことはできません。強さに満たされていない、空のコップにこそ、神様の力がたくさん注がれるんです。弱さとは「神様の力を受け入れる才能」なんです。

「弱さ」を受け入れる

剣道をやっていた当時の僕は、まだクリスチャンではありませんでした。ですが、クリスチャンとなった今から思い返してみますと、神様はその当時からしっかり僕を見守り、導いていたのだと思います。中学高校のあの6年間ほど、「脚が悪い」という自分に与えられた弱さに真正面からぶつかった時期はありません。気づけば「健常者」にはできない、脚が悪いからこそできる「技」を僕は神様からいくつも与えられていました。

でも一方でその頃の僕の心はやたらと攻撃的でした。「弱さを乗り越える」「人に負けない」ことに執着しすぎて、心の安定なんてちっともなかったんです。でもある時に気づきました。

「弱さとは乗り越えるものではない。受け入れるものだ」と。心が荒れていては剣も荒れるものですから、その時から僕の剣はもう一段強くなりました。そしてそんな経験も手伝って、後に僕は少しずつ神様に近づき、やがて洗礼を受けてクリスチャンになりました。

受け入れた弱さは強さに変わります。自分の力で弱さを強さに「変える」のではありません。神様によってそれは「変わる」のです。弱さを受け入れたとき、その瞬間にすでにその弱さは克服され始めます。そして最後には揺るがぬ強さになります。弱さを抱えて悩んでいる方。どうかその弱さを憎むのではなく受け入れてあげてみてください。その時から世界はゆっくり変わり始めます。

弱みは個性、
個性は魅力、
すなわち弱みは魅力だ

この人が罪を犯したのでもなく、両親でもありません。この人に神のわざが現れるためです。

（ヨハネの福音書　9章3節）

盲目の人を見た弟子たちがイエス様に尋ねました。「この人はどうして盲目なのですか？　彼が罪を犯したからですか？　それとも両親のせいですか？」それに対するイエス様の答えがこのことばです。

ミュージシャンのスティービー・ワンダーは皆様ご存じでしょうか。「Isn't She Lovely?」とか「Sir Duke」とか、もしご存じのない方はGoogleで検索してみてください。世界最高のヒットメーカーと言って過言ではない偉大なるミュージシャンです。彼は生まれつき（厳密には後天性ですが）目が見えません。盲目というハンディを背負ってしまっているんです。しかし彼は言います。「僕は盲目を悪いこととは捉えていない。むしろ人生の本質みたいなものだと思っているんだ」。

彼の「盲目」というハンディは非常に周りの人から分かりやすいハンディではありますが、ハンディというのは彼に限らず、僕たちの誰もが実は持っているものです。だって誰しも苦手なことってありますからね。彼はものを見るのが苦手なわけです。人と話すのが苦手な人、走るのが苦手な人、本を読むのが苦手な人、色々ありますが苦手なことのない人なんていません。だから誰もがハンディを持っているんです。

苦手なことがあるのは人の個性ですし、個性があるのは人間の本質です。聖書にだって、神は人間を個性あるものとして作ったのだと書いてあります。そして、その個性が人間を魅力的な存在にします。誰かに「個性的だね」と言われたら嫌な気はしませんが、「個性のない人だね」と言われたら少し嫌な気がするでしょう？　苦手なことの何一つない、完璧な人間って、何となく魅力を感じないでしょう？　即ち、ハンディは個性、個性は魅力、従って、ハンディは魅力なのです。

だから、何か苦手なことがあって、それが自分だけに課せられた苦しみだと感じてしまうようなこと、それを重荷だと思ってしまうようなこと、それによって劣等感を覚えてしまうようなこと、そんなことがあったら、「弱みは個性、個性は魅力」と心の中で唱えてみてください。少し、気が楽になりますから。

弱みを見せることは、魅力を見せること

スティービーは、もし盲目でなかったら、こんなに偉大なミュージシャンにはなっていなかったかもしれません。盲目だからこそ、彼が音楽に向かったのだとしたら、そのハンディは神から与えられた道標だとさえ言えるでしょう。ハンディは個性であり人間の魅力であり、時に道標でさえある。そう思ったら、あなたに与えられたハンディも、憎むべきものではなくむしろ愛すべきものに思えてきませんか。

とはいえ、スティービーだってそのハンディゆえに歩くのには杖が要るで

しょうし、周りの人のサポートも必要です。ハンディとサポートは表裏一体です。お互いのハンディをお互いにサポートしあうのが、真に「社会」ということだと思います。もし、あなたのハンディにサポートが必要なら、誰かにそれを求めるのは自然なことですし、それはよいことです。サポートを受けるのは「弱いこと」ではありません。強い人だって必ず誰かのサポートを受けているものです。むしろ強い人ほど多くの人のサポートを受けているものかもしれません。「弱みを見せたくない」なんて思わないでください。堂々と弱みを見せて、助けを求めることができる。これはむしろ強い人の条件でさえあるかもしれません。だって、弱みが魅力なら、弱みを見せることは魅力を見せることと同じですからね。

あらゆるものは休むようにつくられている

六日間働いて、あなたのすべての仕事をせよ。七日目は、あなたの神、主の安息である。あなたはいかなる仕事もしてはならない。

（出エジプト記　20章9～10節）

これは有名なモーセの「十戒」に記された10の掟の中の一つです。創世記によれば神様は6日間で天地を創り、7日目に休みました。このことに由来して、ここで人間にも6日間働いて、1日休むことが命じられています。「6日働いたら1日休んでもいいですよ」じゃないんです。「6日働いたら1日休みなさい」と、命令形なんです。面白いのは聖書の別の箇所には農地に関しても「6年その土地で収穫をしたら1年は何の種もまかずに休ませなさい」と書いてあることです。聖書では7つに1つの休み、というのはかなり広範囲に命じられているのです。

ここから読み取れる聖書のメッセージは、人間も土地も、休みなしに働くようにはできていないということです。定期的に休んでメンテナンスをしないと、いろんなことがうまくいかなくなるんです。

何が言いたいかと言いますと、色々な習慣がありますけど、大抵の習慣は7

回に1回くらい休んでも壊れないですよ、ってことです。6日間続けたことを7日目にできなかったとしても、それほどがっかりしなくていいじゃないですか、ってことです。むしろそのくらいの方が習慣は長続きしやすいですよ、ってことです。

何年か前に、ダイエットをしたのですが、最初は毎日食事制限をしていたんです。でもそれだと苦しくて長続きしませんでしたし、一度我慢できずに食べてしまうと「もういいや」って、翌日も食べてしまったりしました。当然、思うような結果は出ませんでした。そこで、週に1日、金曜日だけは好きなものを好きなだけ食べていい日、ということにしたんです。そうしたら、他の曜日も以前より頑張れましたし、金曜日は「今日は食べるぞー」って嬉しさから、ジムでの運動が自ずと増えたりして、ダイエットの効率は格段にアップしました。7日に1日の休みを設定することで、休みなしには2週間も続かなかった習慣を、何年も続けることができるようになったのです。

「完璧主義」にならない

ボストンに音楽留学していた頃も、週に1日、日曜日だけは師匠に言われていたベースの稽古を休みました。とはいえ日曜日はほぼ毎週、教会で演奏の奉仕をしていたのでベース演奏自体は休まなかったのですが。それでもその1日の休みが僕を心身ともにとても楽にしてくれました。そのおかげで2年半の留学時代、稽古を続けることができたのだと思います。

行政書士試験の勉強も同じ要領でやりました。金曜日は勉強は休み。好きなものを食べてお酒を飲んで羽を伸ばす日。それは試験直前の金曜まで例外はありませんでした。たぶんそれが合格の決め手だった気がしています。

人間、「休まず続けよう」っていうのはすごく難しいことです。何かを1日も休まずにずっと続けるというのは、相当な精神力が必要です。その上、無理に続けても効率が落ちたりしてしまいます。聖書にもある通り、原則として人間はそういう風につくられているんです、。7日に1日とか、7回に1回くらいは休むようにできているのです。

何かを続けられない、と困っている方はぜひ、試してみてください。現代はすっかり週休2日制が定着した世の中ですから、7回に2回は、休んじゃってても全然オッケー。なんなら近頃は週休3日制さえ提言され始めていますから3回休んだってオッケーかもしれません。完璧主義にならないことです、大事なのは。だって人間は完璧なわけがないんですから。

心が弱くたって
いいんです

心の貧しい者は幸いです。
天の御国はその人たちのものだからです。

（マタイの福音書　5章3節）

ここでいう「心の貧しい者」というのは（この言葉の解釈については聖書学者でも意見の分かれる所ではありますが）「心の弱い人」だと僕は解釈しています。「心の弱い人は、幸せだよ」とキリストは言っているんです。悪いことだと言っていないんです。むしろよいことだと言っています。

「体が弱い」人がいるのと同じように「心が弱い」人だっています。多少のウィルスやばい菌程度では風邪にも腹痛にもならない人もいれば、ちょっとしたことですぐに体調を壊してしまう人もいます。同じように、多少のことでは動じない心を持っている人もいれば、ちょっとしたことで心の調子が乱れてしまう人もいます。

スポーツ界ではよく「恵まれた体」という言葉を聞きますが、「恵まれた心」というのもあるんだと思います。どんな「恵まれた体」にも限界があります。体はどんなに強くても毎日一定の時間は寝なければ壊れてしまいますし、食べなければ壊れてしまいます。オリンピックで金メダルをとる人だって100mを8秒で走ることはできません。体に限界があることに異論を挟む人はいないと思います。

一方で心はどうでしょう。心には限界がない、と思っている方も多いのではないでしょうか。「体で負けるのは仕方ない。しかし心で負けるのは自分が悪い」と思っている方も多いのではないでしょうか。そして、そのようなことを過去に言われて傷ついた人も多いのではないでしょうか。

心が弱くたっていいじゃないですか。そりゃ強いに越したことはありません。だけど弱くたって少なくとも責められるべきことではありません。体だって強いに越したことはないけれど、弱く生まれてしまったならそれはもう仕方ないことであって（もちろん、ある程度のリカバーはできますが）誰も責めるべきことではありません。

どうして体が弱いことは自分のことでも他人のことでも受け入れられるの

に、心が弱いことは自分のことでも他人のことでも受け入れられないのでしょうか。体が頑張れないのは仕方ないけど、心が頑張れないのは自分が悪い、と。心を過大評価してしまっている、心を無尽蔵のエネルギー機関だと思ってしまっている、だから心を酷使してしまう、それで心が消耗し尽くしてしまう、そこに「心の悲鳴」「残酷さ」を僕は感じるのです。そのあたりに、今の社会の「生きづらさ」の一端があるのではないかと思います。

強さではなく、弱さを誇れ

「心が弱い」は「体が弱い」と同じように仕方のないことです。体が弱い人は「自分は体が弱い」と自覚して、周りもそれを受け入れて生活していますが、心が弱い人は「自分は心が弱い」と自覚していなかったり、それを否認していたりします。「気持ちだけは負けちゃいけない」って。でもね、それは受け入れた方がいいのです。自分はもちろん、周りの人も。それは「体が弱い」と同じなんですから。

どんな弱さに対しても「その弱さは私が満たすから心配するな」と神様は聖書全編を通して僕たちに伝えようとしています。たくさん弱さのある人はそれだけ神様に満たしてもらう頻度が高い「神様がかまってくれる回数が多い人」ということになります。言わば「神様のお気に入り」です。それが幸せなことである、と聖書は語っているんです。

体の弱い人には「その人の上に神の栄光がある」と言い、心の弱い人には「天の御国はあなたのものだ」と言い、体にせよ心にせよ、「弱い」ことが幸せである、強さでなくて弱さを誇れ、と聖書は言います。心も体も同じようにケアして、同じように大事にしていきましょう。

「自分が何者か」なんて決めなくてもよいのです

モーセは神に言った。「私は、いったい何者なのでしょう。ファラオのもとに行き、イスラエルの子らをエジプトから導き出さなければならないとは。」

（出エジプト記　3章11節）

「自己実現」という言葉が世に溢れるようになって久しいです。「なりたい自分になる」「自分の人生を自分で決める」、こういった生き方、考え方に多くの人が共感し、それを行動原理とする人も少なくありません。「海賊王に、俺はなる！」の、あのマンガは僕も好きです。時として勇気や元気をもらうこともあります。

ただ、こういう生き方は疲れる人には疲れる生き方だと思います。もちろんそれはそれで素晴らしい生き方ですが、みんながみんな、そのように生きる必要もないと思います。自分でプランを立て、目標を立て、実行して、生きてゆく。これは元気な人にはできますが、元気をなくしてしまった人にはあまりに高いハードルです。「まず目標を立てることから始めよう」と言われても、「まず、それがしんどいです。目標を持てるくらいならこんなに落ち込みませんって」っていう方もいることでしょう。「自己実現型人生」は一つの有意義な人生のモデルではありますが、そうじゃないモデルで生きるのだって、一つの道ではないでしょうか。

モーセは「俺はイスラエル人をエジプトから救い出す！」なんて自分で決めたわけではありません。むしろ神様に「君、エジプトからみんなを救い出すリーダーをやってね」と言われて、「えええええ⁉ なんでいきなり僕なんですか⁉ 他の人にやらせてください。ほんとムリです。勘弁してください。このまま静かに生きさせてください」と、その任務から全力で逃げようとしたくらいです。

イスラエル随一の名君と言われるダビデ王も「俺は王になる！」なんて思って王になったわけではありません。ある日突然神様から「君、今日から王ね。よろしく」と言われて「うそー⁉ 何言ってるんですか、そんなのムリです。だって僕、ただの羊飼いだし」という感じです。聖書に登場する他の人たちも、まぁだいたいそんな感じです。

自分が何者かは、神様が決めること

自分が何者であるか、自分が何者になるかは、必ずしも自分で決めなくてもよいのではないでしょうか。僕はクリスチャンなので自分が何者であるかは神様が決めること、と思っていますが、たとえ神様を信じていなくても、自分が何者であるかは自分と会う人がその都度決めてくれればいい、とそのくらいのスタンスでいても、人生は破綻しないはずです。

僕はクリスチャンになる前から、どちらかというとそんなモデルで生きています。アメリカ留学をして「夢を実現してすごいね」と言われたりもしたのですが、実は自分で「留学したい！」と思ったことはほとんどなく、目の前のことをやっていたら自ずとそういう道が開けた、というだけなのです。むしろアメリカに自分が行くなんて、その話が出るその日まではまったく思ってもみないことでした。クリスチャンになったことも、「クリスチャンに俺はなる！」

なんて決めていたわけではありません。むしろクリスチャンは大嫌いでしたから。ただ、自分の外側と内側の「風」がそのように吹いていて、それに身を任せていたら、ここに流れ着いていた、と、そんな感じなんです。

「そんな主体性のない人生を送ってはいかん！」と怒る方もいらっしゃるかもしれませんが、でも僕はこの生き方をそれなりに気に入っていますし、この方が幸せなのです。なので、「こんな生き方もあるよ。実際にそう生きている奴もいるよ」とちょっと書いてみました。

「白」と「深緑」、どっちがえらいか

わたしの目には、あなたは高価で尊い。
わたしはあなたを愛している。

（イザヤ書　43章4節）

この原稿を書いている今、秋なのですが、夜になると虫の声がとても心地よいです。どうしてこうも美しい音色をこの虫たちが出せるのかと考えると、僕はどうしても、やっぱり神様ってすごいなーという結論に至ります。

進化論ではもしかして「虫が長い時間をかけて、少しずつ自分で美しい声を得たのだ」と考えるのかもしれません。しかしクリスチャン的に考えるとこれはシンプルに「神様が虫たちにこの美しい声を与えたのだ」ということになります。言い換えれば、この「秋の夜のシンフォニー」を演奏しているのは虫ではなく、神様だということです。虫たちは言わばそのための楽器です。

さて、聖書もこれと同じです。「聖書を誰が書いたか」という問いは、実はキリスト教の中でも教派によって解釈が違うのですけれど、僕の属する教派では「聖書は神様が書いたのである」という解釈をします。しかしこれは神様が実際にペンを持って書いたというわけではありません。秋の虫という「楽器」

を使って神様が演奏するように、モーセやパウロをはじめとする聖書記者たちという「ペン」を使って、神様は聖書を書いたのであるということです。

ヴァイオリンとピアノは違う音がしますし、同じヴァイオリンでも一つひとつ少しずつ音が違います。これと同じように「ペン」である聖書記者たちにも一人ひとり個性があります。神様はその個性を適材適所に用いて聖書を書きました。絵画でたとえるなら、たくさんの種類の絵の具を使い分けて一枚の絵を仕上げるのに似ています。

小学校や中学校での水彩画の授業を思い出してみますと、一番消費量の多い絵の具は「白」でした。確かに「白」は色々と使う場面は多いですが、でもだからといって他の色よりも優れているわけではありません。多くのオーケストラで、ヴァイオリンやヴィオラなどの弦楽器は、トランペットやホルンなどの管楽器に比べて人数が多いですが、だからといって弦楽器が管楽器より優れているわけではありません。

他人と自分を比べない

美術の時間に、僕にとって一番使用頻度の低かった絵の具は「深緑」でした。僕は「深緑」をほぼ「黒」だと思っていたんです。それでほとんど使うこともなかったんですが、ある時、どうしても色が気に入らなくて絵の具の配合に悩んでいたときに、先生から「ちょっと深緑を足してごらん」と言われて、その通りにしてみましたら、とても美しい、お気に入りの色ができました。それ以来「深緑」は僕にとって「滅多に使わないけどいざという時には頼りになる切り札」のような色になりました。

世の中で今、注目を浴びて活躍をしている人を見て「それに比べて自分は……」と思ってしまう人も多いかもしれません。でも、その人は「白」なだけです。あなたは「深緑」かもしれません。画家は自分の使うあらゆる絵の具を準備します。作曲家は自分の使うあらゆる楽器を用意します。たった1フレーズのために、普段は使わない珍しい楽器を用意することだってあるんです。神様も同じです。ご自分の計画のためにあらゆる準備をしています。ですからこの世で生きているというだけで、それは作曲家からオーケストラの一員として呼ばれたのと同じことです。そこでヴァイオリンに対して引け目なんて感じなくていいんです。いえ、むしろ感じてはいけないんです。ヴァイオリンには絶対にできないことが、あなたにできるからこそ、あなたはそこに呼ばれた、即ちこの世に生まれたわけですから。

寂しがりなのは
人間の「仕様」です

人がひとりでいるのは良くない。

（創世記　2章18節）

「あしびきの山鳥の尾のしだり尾の長々し夜をひとりかも寝む」これは百人一首でおなじみの柿本人麻呂の詠んだ和歌ですが、ざっと言えば「秋の長い夜に一人で寂しくて眠れない」という意味です。「孤独は現代病」なんて近頃では言われたりもしますけど、いえいえ、昔から人は孤独に悩まされてきたんです。孤独を感じる時って、「こんなに寂しいのは自分だけかもしれない」とか「他のみんなは寂しくなんかないんじゃないか」なんて思ってしまいがちですが、そんなことはないんです。誰だってみんな寂しい。あなただけじゃありません。

世界で最初の人間であるアダムも、寂しさを感じました。よく、「神様は最初にアダムとイブをつくった」と思われているのですが、実は違います。神様は最初にアダムだけをつくりました。アダムは神様のつくった他の生物を見て、一つひとつに名前を付けましたが、ある時「他の生物はみんな仲間と一緒にいる。僕だけ一人だ。寂しい」と落ち込んでしまいました。それを見た神様は「人が一人でいるのはよくない」と言って、イブをつくりました。この時から人は、誰かと一緒に生きる存在になったんです。

アダムが「寂しい」と思った時、彼はまだあらゆる罪の原因となるあの「禁断の果実」を食べてはいませんでした。と、いうことはアダムにはまだ何の罪もなかった、すなわち「神様の設計通りの存在」でした。つまり「寂しい」という感情は決して罪ではないということです。言い換えれば人間は寂しがるように神様に設計されているということです。

このように考えると、寂しさを感じた時に少し心がラクになります。「あぁ、寂しい。でも寂しいということは僕の心が神様の設計通りに動いているということだな」というふうに。「寂しさを感じるのは自分に何かが足りないからだ」とか、クリスチャンの方なら「神様が自分を愛してくださっているのに寂しさを感じるなんて失礼なんじゃないか」とか思ってしまう方もいらっしゃると思うのですが、そんなことは思わなくていいんです。神様とマンツーマンで会話をしたアダムだって「寂しい」と思ったのですから。だから皆さん、堂々と寂しがっていいんです。

寂しさは、悪い感情じゃない

そして、寂しさって決して悪い感情ではありません。人は寂しい時にこそ、誰か他の人のことを考えます。それで「あぁ、あの人は最近ごぶさただけど、どうしているかな」とか「実家の家族は元気かな」とか、電話をしてみたり、メールをしてみたりします。もし、人間に寂しさという感情が組み込まれていなかったら、そんなふうに「目の前にいない誰かを気遣う」なんてことはできないんです。

さらに言えば、人が完全に一人で生きられるような存在であったら、家庭も、社会も、存在しません。そこに生まれる温かい触れ合いもありません。「人間は社会的動物である」と、大昔の哲学者アリストテレスは言いましたが、その「社会」は一人ひとりの寂しさと無力さの上にこそ成立しているんです。人間が人間らしく生きるために、寂しさというのは必要不可欠な感情なんです。

さぁ、そんなわけですから今宵も明日も張り切って寂しがりましょう‼　そして明日あたり、離れている家族とか、ごぶさたな友達とか、誰か久しぶりの人にメールや電話をしてみるのもよいかもしれません。

あとがき

ここまでお読みいただき、ありがとうございました。

この本はここらでそろそろおしまいです。「夜寝る前にでも気楽に読める聖書の本を」という企画をいただいて書き始めたこの本ですが、これを実際に書くのは少なくとも思ったよりは気楽な仕事ではありませんでした。「夜寝る前に読む本だということは、これを読む人はおそらくまだ眠くはない」「と、いうことはもしかしたら、眠れない夜を過ごしているかもしれないし、眠らなきゃと焦っているかもしれない」「これを読む方が気持ちよく眠りにつくためにはどんなことを書いたらいいのだろう」と考えまして、まず僕が始めたのは「眠れない夜」の研究でした。

僕はもともと寝付きのよい方ではなく、「眠れない夜」を過ごすことも多々あるのですが、そんな夜には「今、自分の心の中の何が原因でこんなに眠れないのだろう」と自分の心を観察してみました。時には夕方以降にコーヒーやエナジードリンクをたくさん飲んだり、昼間にたくさん昼寝をしたりして、わざと「眠れない夜」をつくるということもやってみました。1週間ほど、自分をできる限りの睡眠不足に追い込むこともしてみました。反対に、できる限り長く寝てみる、ということもやってみました。おかげで少しばかり体調を崩してしまったこともありました。

我ながらバカな実験をしているな、なんて思いもしたのですけれど、人間にとって睡眠というのはこれほどまでに大切なものなのか！　と、痛感させられました。そして、人間と睡眠の関係を切り離そうとするもの、これは主に心の問題であって、特に喜びと安らぎの不足であるのだと体感しました。

「喜びと安らぎ！」これはまさに聖書のメインテーマの一つではないか!!　こ

の結論に至った時、この本の完成は約束されました。そこからは、そのテーマにそって祈ったり聖書を読んだりして、「眠りのエッセンス」を探し、そしてそれを実際に使って眠ってみたりして、その結果を手帳に書き記し、手帳のメモが溜まったら原稿を書き……という日々を過ごして今、こうして一冊の本を書き終えるところです。聖書と祈りを武器に睡眠と格闘する日々も今日で終わりです。ですからこの本は、僕の睡眠との格闘の記録、『睡眠戦記』であるとも言えます。

よい眠りは人を罪から遠ざけてくれます。寝不足な時は機嫌が悪くなりがちですし、機嫌が悪くなれば人に辛く当たってしまったり、意地悪したりしてしまいがちです。頭がボーッとしてやる気が出なかったり、ミスを連発したりもしてしまいがちです。ですから睡眠との関係を改善することは神様の御心にもかなったことです。そしてその関係改善のためには聖書がとても強い武器になってくれます。

この格闘の日々を過ごした結果、僕はもともとやや不眠症気味だったのですが、毎晩とてもよく眠れるようになりました。眠りのコツみたいなものをしっかりと掴めたのだと思います。

ここまで読んでくださった皆様の心が少しでも軽くなって、そして少しでも心地よく、深く眠れるようになったなら、そんな夜が一晩でもあったなら、この本の目的は達成ですが、いかがだったでしょう。この本はこれでおしまいですが、これをきっかけに、寝る前に聖書そのものを読んでいただけることがあるなら、それはもう望外の幸せです。「聖書は金太郎飴のように、どこを切ってもイエス・キリストが出てくる」というのは、クリスチャンの間ではよく言われることですが、これと同じように聖書はどこを切っても愛と恵みと喜びが出てくる書物でもあります。

そして聖書は同じ箇所を10人が読めば、10人が文字通り「十人十色」の感想を抱く書物でもあります。それは聖書が、すなわち神様が、それを読む一人ひとりの心にメッセージをカスタマイズして語りかけてくださるのだということです。読む人に合わせて、安らぎが必要な時には安らぎを、元気が必要な時には元気を、そして時に耳に痛いことが必要な時には耳に痛いことを、与えてくれるのが聖書なんです。

さらに聖書は「読み終わる」ということがないものでもあります。同じ箇所を繰り返し読めば、繰り返した数だけ違う教えや感想を得られるのが聖書です。他の本なら一度読めば「この本はもう読み終わったからもういいや」ということもありますが、聖書は何度でも繰り返し読んでこそその真価が発揮される本です。一生付き合い続けることのできる本なんです。一生、あなたの人生の武器になり続けてくれる本なんです。喜びと安らぎが無限に湧き出してくる本なんです。

そんな「無限の泉」に皆様が出会ってくださることを心から祈ります。そして皆様の上に毎晩、安らかで快適な眠りが訪れますように祈ります。

この本を書くにあたり、ご尽力くださったあらゆる方々に心から感謝いたします。僕のために共に祈ってくださる上馬キリスト教会をはじめ、主にあるあらゆる兄弟姉妹にも感謝します。そして何より、主イエス・キリストにすべての栄光をお返しし、心からの感謝と讃美を献げます。

それでは皆様、お名残惜しゅうはございますが、またどこかでお会いしましょう。

おやすみなさい。

主にありて。

ＭＡＲＯでした。

MARO（マロ）

1979年東京生まれ。慶應義塾大学文学部哲学科、バークリー音楽大学CWP卒。キリスト教会をはじめ、お寺や神社のサポートも行う宗教法人専門の行政書士。10万人以上のフォロワーを持つツイッターアカウント「上馬キリスト教会（@kamiumach）」の運営を行う「まじめ担当」と「ふざけ担当」のまじめの方でもある。クリスチャン向けウェブサイト「クリスチャンプレス」ディレクター。

著書に『上馬キリスト教会ツイッター部のキリスト教って、何なんだ？』（ダイヤモンド社）、『聖書を読んだら哲学がわかった キリスト教で解きあかす「西洋哲学」超入門』（日本実業出版社）、『上馬キリスト教会の世界一ゆるい聖書入門』（「ふざけ担当」LEONとの共著、講談社）などがある。

本作品は当文庫のための書き下ろしです。

だいわ文庫

ふっと心《こころ》がラクになる

眠《ねむ》れぬ夜《よる》の聖書《せいしょ》のことば

著者 MARO《マロ》（上馬《かみうま》キリスト教会《きょうかい》ツイッター部《ぶ》）

二〇二二年三月一五日第一刷発行

発行者 佐藤 靖

発行所 大和《だいわ》書房

東京都文京区関口一−三三−四 〒一一二−〇〇一四

電話 〇三−三二〇三−四五一一

フォーマットデザイン 鈴木成一デザイン室

本文デザイン 二ノ宮 匡（nixinc）

著者エージェント アップルシード・エージェンシー

本文印刷 厚徳社

カバー印刷 山一印刷

製本 ナショナル製本

ISBN978-4-479-32005-0

http://www.daiwashobo.co.jp